Johann Jacob Stammel

Trierische Chronik für den Bürger und Landmann

Johann Jacob Stammel

Trierische Chronik für den Bürger und Landmann

ISBN/EAN: 9783741167416

Hergestellt in Europa, USA, Kanada, Australien, Japan

Cover: Foto ©Andreas Hilbeck / pixelio.de

Manufactured and distributed by brebook publishing software (www.brebook.com)

Johann Jacob Stammel

Trierische Chronik für den Bürger und Landmann

Trierische Kronik

für den

Bürger und Landmann

von

J. J. Stammel, Seelsorger bei Trier.

Ein alter Trierer. S. 5.

Trier zu finden bei J. A. Schröd, Buchhändler
Nr. 85. auf dem Graben. 1797.

Werthe Leser!

Ich werde nicht immer in dieser Kronik blos erzählen: hier und da laufen auch einige Bemerkungen mit unter; da hatte ich aber meine Ursache, und ich glaube, sie stehen nicht auf dem unrechten Plaße, und sollen Euch über Dies und Jenes Auskunft geben. — Ich wünsche, nur Wahrheit geschrieben zu haben; wird sie einen oder den andern beleidigen, dafür kann ich nichts. Die Geschichte darf nie schmeicheln oder lügen. Ich meinte es redlich, und hatte die besten Absichten, da ich Euch diese wenigen Bogen schrieb.

Das alte trierische Rathhaus, itzt die Kirche zum
h. Simeon. S. 7.

Liebe Landesleute! es muß Euch doch immer recht lieb seyn, zu erfahren, wie es vordem in unserm Vaterlande ausgesehen hat; und auf welche Art es zugieng, daß aus uns das geworden ist, was wir nun wirklich sind; deswegen schrieb ich Euch die kurze Geschichte des Vaterländchens.

Von dem Ursprunge der Trierer und den ersten Begebenheiten im Lande wissen wir sehr wenig: sie hatten zwar ihre Lieder, worinn sie ihren Kindern und Kindskindern vorsangen, was sich vordem bei ihnen zugetragen hat; doch diese Lieder, obschon sie nachher aufgeschrieben und gesammelt worden sind, giengen verlohren. Was wir daher von unsern ersten Landesleuten wissen, haben wir von Ausländern erfahren, welche gelegenheitlich in unser Land gekommen sind, und in ihren Büchern uns dasjenige erzählen, was sie allda gesehen und gehöret haben.

Diese

Diese erzählen uns nun, daß die alten Trierer ehedem auf der andern Seite des Rheins, im eigentlichen Dentschlande gewohnet hätten. Ihr erster Wohnplatz gefiel ihnen aber nicht sonderlich: der Himmel war zu rauh, der Boden unfruchtbar, und das ganze Land voller Gebirge, Wälder und Sümpfe. Sie giengen daher bei der ersten besten Gelegenheit über den Rhein, um sich in dem damaligen Gallien, welches Land itzt größtentheils Frankreich heißt, niederzulassen. — Man muß sich über solche Auswanderungen nicht verwundern: unsere ersten Landesleute hatten noch keinen festen Wohnsitz, noch keine liegenden Güter und Gründe, wie wir itzt haben: Jagd und Krieg waren ihre liebsten und einzigen Beschäftigungen: wo sie hinkamen, da waren sie zu Hause; natürlich also, daß sie ihren Wohnort mit einem bessern gerne vertauschten.

In spätern Zeiten wollte man die Trierer älter machen, als man vordem wußte; man erzählte sich daher folgende Geschichte, die aber keinen Glauben verdienet: Schon zu Abrahams Zeiten, heißt es, lebte weit von uns, in einem Lande gegen Morgen, der Königssohn Trebeta: seine Stiefmutter, Semiramis, ein recht schändliches und wohllüstiges Weib, wollte ihn zur Befriedigung ihrer thierischen Lüste gebrauchen, und dann, wie sie es zu machen pflegte, ihn grausam aus dem Wege schaffen; doch Trebeta war zu redlich, und fürchtete zu viel für sein Leben, als daß er nachgeben sollte:

sollte: er floh mit einigen wenigen seiner treuen Freunde und Diener aus dem Lande seiner Mutter, und irrte lange herum, bis er sich in unserm Thale, welches ihm so ausserordentlich gefiel, niederließ. Hier soll er schon Einwohner aus der Familie von Noa gefunden, und den Grund zur Stadt Trier geleget haben.

Das Land, wo sich die alten Trierer, nach ihrem Uebergange über den Rhein, niedergelassen hatten, gefiel ihnen weit besser, als ihr voriger Wohnort: sie baueten nun die Erde an, säeten, pflanzten, und vergaßen so ihre herumziehende Lebensart. Sie fingen nach und nach an, große Viehheerden zu unterhalten, sich auf die Schafszucht, welche ihnen besonders einträglich war, zu legen, und mit Wolle und Schweinen einen beträchtlichen Handel zu treiben. Am berühmtesten waren weit und breit die Pferde unsers alten Vaterlandes; sie waren zwar klein und unansehnlich, aber hurtig, stark und ausdauernd in jeder Arbeit. Von Wildpret wimmelten die Waldungen.

Schon die Lage selbst des lieben Vaterländchens, welches sich die alten Trierer zu ihrem neuen Wohnsitze wählten, ist sehr angenehm und vortheilhaft. Da strömet auf der einen Seite der breite Rhein: dort kömmt die liebe Mosel aus Lotharingen, schlängelt sich in mancherlei Krümmungen durch unsere fruchtbaren Thäler, und ergießet sich bei Koblenz in den Rhein: da sind wieder hundert fischreiche Bäche, kleine und größere schiffbare Flüsse, welche unserm Lande das schönste Aussehen geben, und dem Handel sehr günstig sind. Ueberall wechseln weitschichtige Gebirge mit angenehmen Thälern und fruchtbaren Ebenen ab. Die Schieferberge an der Mosel sind mit Weinstöcken bepflanzet, und geben den vortreflichen Moselwein, welcher uns ein leichtes Geblüt und einen frohen Sinn verschaffet. Die höhern Bergrücken sind mit weitläufigen Waldungen bewachsen, die dem Lande große Vortheile gewähren.

Der fleißige und brave Landmann bauet und pflanzet nun auch fast jede Frucht- und Baumart an, suchet jedes Plätzgen zu benutzen, wenn es auch nicht so ganz seiner Mühe lohnet, und verschönert immer mehr und mehr seinen vaterländischen Boden. Auch an Eisen- Kupfer- ja sogar an Silbergruben ist unser Land so arm nicht; die alten Trierer konnten und wollten zwar noch nicht darnach graben; doch weiß man sie itzt besser zu benutzen. Eben so wenig verstanden sie sich auch darauf, die Sauerbrunnen und warme Bäder, welche uns so unentbehrlich geworden sind, zu gebrauchen.

Das Land der Trierer war vordem auch weit größer und ausgedehnter, als es nun wirklich ist. Es erstreckte sich zwar gegen Sonnenaufgang nur bis an den Rhein, und da hat es sich wirklich nachher

weiter

weiter ausgedehnet; denn nun gibt es auch auf der andern Seite des Rheins mehrere Länder, welche zum Trierischen gehören — von der Mittagsseite war es aber weit größer: es erstreckte sich noch ziemlich tief in das heutige Lotharingen, und reichte bis an das Gebieth von Metz. Gegen Abend lief es bis an die Maas; von dieser Seite gehörte also noch ein großes Stück des heutigen Herzogthums Luxemburg und der Niederlanden dazu. Den Rhein abwärts gieng das Land bis in die Gegend von Andernach. Zu den Besitzungen der alten Trierer gehörten also ehedem fast alle die Länder, welche nachher weit später zu unserm Erzstifte gerechnet wurden, und in geistlichen Sachen unter dem Bischofe von Trier stehen.

Und nun kommen wir zu unsern ersten Landesleuten selbst. — Die alten Trierer waren alle fast einen Kopf größer, als ihre Nachbarn; besonders zeichneten sie sich durch die blonden Haare und blauen Augen aus, welche ihnen das schönste Ansehen gaben. Ihre Kleidung bestand in einem Wamms, der ihnen bis an die Waden reichte; darüber trugen sie einen wollenen Mantel, wovon sie das eine End auch über den Kopf schlagen konnten, um sich gegen Frost und Regen zu schützen. Sie trugen anfänglich noch keine Beinkleider, vermuthlich auch keine Schuhe, und waren sehr einfach und natürlich in ihrem Anzuge. Ihr Schnautzbarth, der ihnen recht furchtbar über den Mund herhing, und ihre Waffen, die sie immer bei sich trugen, verschafften ihnen ein recht kriegerisches Aussehen.

Anfänglich, ehe sie sich noch auf den Feldbau verlegten, war der Krieg und die Jagd ihre angenehmste Beschäftigung. In müßigen Stunden trieben sie gerne das Spiel, und verstanden das Zechen recht meisterhaft. Sonst waren sie redliche, herzliche und offene Leute, die aber auch, wenn es nothwendig war, gegen ihre Feinde schlau und listig seyn konnten. Im Kriege bewiesen sie sich ausserordentlich tapfer und muthig; ihre Reiterei war weit und breit die beste, und stand in einem vorzüglichen Rufe.

Sie wurden von einem **Fürsten** regiert, welcher aber wenig zu sagen hatte. Sehr angesehen und zahlreich waren bey ihnen die **Adlichen**; diese hielten das Volk im Zaume, und sahen darauf, daß der Fürst nicht zu mächtig würde; weswegen dann auch manche Uneinigkeiten und Bürgerkriege im Lande ausbrachen. Der **gemeine Mann** wurde hart gehalten, und durfte nicht einmal dabei seyn, wenn sich der Adel versammelte, um wegen den Angelegenheiten des Landes sich zu unterreden. Der Bürger aus der untersten Klasse schien nur da zu seyn, um zu gehorchen, und seine gehörigen Abgaben zu bezahlen: im Monathe März hatten sie ihre gemeinschaftlichen Zusammenkünfte und Berathschlagungen, wo sie alle in den Waffen un=
ter

ter freiem Himmel erscheinen mußten: dieses geschah
auſſer der Stadt, vor dem heutigen Simeonsthore,
auf der schönen Ebene, welche damals das Mars=
feld hieß. Hier war auch der gewöhnliche Exer=
zierplatz der Trierer, wo sie im Reiten, Fechten und
andern Kriegsübungen unterrichtet, nnd zu guten
Soldaten gebildet wurden.

Ein merkwürdiges Ueberbleibſel dieſer älteſten
Zeiten iſt das ſchwarze Thor in Trier, welches
zwar noch beſtehet, aber nun in die Kirche zum H.
Simeon umgeändert worden iſt. Das Ganze iſt aus
groſſen ſchwarzen Steinen, welche auf eine recht
künſtliche Art, ohne durch Kalch verbunden zu ſeyn,
zuſammenhangen, aufgeführet. Dieſes Gebäude,
welches vordem nur zwei Stockwerke hatte, war
nach aller Vermuthung das alte trieriſche Rathhaus,
wo ſich der Adel bei ſeinen Berathſchlagungen zu
verſammeln pflegte. Unten giengen zween groſſe Bo=
gen durch, welche zum Stadtthore dienten, itzt
aber zugeworfen, und durch die groſe Treppe, wel=
che zur Kirche führet, verſperret ſind. Das ganze
Gebäude hat durch verſchiedene Veränderungen und
Zuſätze eine andere Geſtalt gewonnen: der fromme
Pilgrimm, welcher zu unſerer Stadt hin wallfahr=
tet, ſtaunt dieſe ſonderbare Bauart an, und hält ſie
für ein Werk des Teufels. Eben ſo alt und merk=
würdig iſt die Moſelbrücke der Stadt Trier,
deren Pfeiler aus denſelbigen ſchwarzen Steinen
mit eben ſo vieler Kunſt zuſammengefüget ſind: ſie

ſtehen

ſtehen noch heut zu Tage, und ſcheinen den Verwüſtungen des Waſſers und der Zeit zu widerſtehen; nur die Bogen und das Uebrige ſind von ganz verſchiedener und ſpäterer Bauart.

Noch iſt zu merken, daß die Stadt Trier vor alten Zeiten nicht allerdings ſo groß war, als man gewöhnlich anzugeben pfleget. Das ſchöne breite Thal, welches ſo bequem und reizend an der Moſel liegt, war zwar meiſtens der Sammelplatz der ganzen Nation, wenn ſie ſich berathſchlagte, oder zum Kriege ausziehen wollte. Hier wohnte meiſtens der Adel, und hatte ſeine Landgüter: dieſe zerſtreuten Landhäuſer und Hütten denke man ſich aber ja nicht als eine zuſammenhängende Stadt, welche ihre Ringmauern hatte. Unſere erſten Landesleute ließen ſich nicht gerne hinter Mauern einſperren, ſondern liebten das Freie, und wohnten zerſtreuet von einander.

Die Religion der alten Trierer war ſo einfach und natürlich, als ihre Lebensart. Da ſie noch in ihren erſten Sitzen, im eigentlichen Deutſchlande, wohnten, hielten ſie diejenigen Dinge, welche ihnen einen beſondern Nutzen brachten, für etwas Göttliches; beſonders wenn dieſe Dinge noch dazu einen ſtarken und auſſerordentlichen Eindruck auf ſie machten: ſo ſahen ſie die Sonne, den Mond und das Feuer als göttliche Weſen an, welchen ſie Verehrung ſchuldig wären. Alte und groſe Eichen

in

in ihren Waldungen flößten ihnen eine besondere Ehrfurcht ein, und waren ihnen heilig. Der Donner schien ihnen recht schreckbar; daher verehrten sie ihren Donnergott: und da sie gebohrne Soldaten waren, so war nichts natürlicher, als daß sie auch ihren Kriegsgott hatten. Freya war die Göttinn der Liebe, welche ihnen recht glückliche Ehen schenken sollte. In ihren Waldungen und unter freiem Himmel verehrten sie diese ihre Gottheiten, und brachten ihnen ihre Opfer. — Dieß war nun die Religion der alten Trierer: so verächtlich und verdammungswürdig ist sie doch bei weitem nicht, wie mancher glaubet: es war die Religion eines ungebildeten Volkes, das keine andere kannte, und dabei so ganz zufrieden, gut und glücklich lebte.

Da die Trierer in ihren neuen Wohnsitzen mit ihren Nachbarn bekannter wurden, so nahmen sie auch vieles von ihrer Religion an. Nun lernten sie den obersten Gott der Heiden, den Jupiter, kennen; man fand nachher eine große prächtige Bildsäule dieses Gottes in Marmor bei ihnen. Sie hatten noch einen andern Gott, den die Handelsleute, Diebe und Reisenden stark verehrten, und welchen sie Merkur nannten; das Bildniß dieses Gottes war von Eisen, welches recht künstlich zwischen zween Magnetsteinen, welche den eisernen Gott von oben und unten gleich stark anzogen, frei in der Luft schwebte. Den Mars, oder Kriegs-

gott,

gott, verehrten sie auf einem nahen Berge, welcher der Stadt Trier gegen Morgen liegt, und ehedem **Marsberg**, nun aber nach der heutigen Volkssprache das **Kreutzchen** heißt. — Der Gott der Liederdichter, **Apollo**, stand auch nicht weit von Trier jenseits der Mosel auf dem Berge, welcher noch heut zu Tage **Apollos- oder Polsberg** heißt. Mit vielem Glanze feiert die Wollenweber- und Metzgerzunft zu gewissen Zeiten das Andenken des herabgestürzten Gottes. Beide Zünfte ziehen dann in einem prächtigen Aufzuge vor die Stadt; unterdessen die eine die Brücke besetzt hält, besteigt die andere den Berg, wälzet einen Baum oder Klotz herab, und läßt ein brennendes Rad nachrollen. Unter mancherlei Vergnügen, und häufigem Losbrennen der Gewehre wird dieß alte trierische Volksfest geendiget. — **Diana** war ihre Göttinn der Waldungen, welche sie öfters um eine glückliche Jagd anriefen. Man sieht auch noch zu Matheis, ohnweit Trier das Bildniß einer andern Göttinn in weißem Marmor, welches aber durch mehrere muthwillige Verletzungen sehr stark beschädiget ist.

Ueberbleibsel aus diesen heidnischen Zeiten haben wir noch wirklich in der üblichen Benennung unserer Wochentage: so war der **Sonntag** der Sonne, der **Mondtag** dem Monde, und der **Dienstag** der Göttinn Diana geheiliget: am **Donnerstage** verehrten sie ihren Donnergott, und am **Freytage** ihre liebe Freya.

Ihre

Ihre Priester, die **Druiden**, waren nicht bloß Religionsdiener, sondern auch die Lehrer und Richter des Volks: sie ertheilten weise Lebensregeln, bestraften die Laster, und suchten Ordnung und Gerechtigkeit im Lande zu handhaben; nur beschuldiget man sie, daß sie so grausam gewesen seyn sollen, ihren Göttern Menschen zu schlachten. Die alten Trierer hatten auch, wie die übrigen deutschen Völker, ihre Sänger, welche sie **Barden** nannten: diese suchten durch ihre Lieder Tapferkeit, Tugend und Vaterlandsliebe bei ihren Landesleuten zu verbreiten. In einem besondern Rufe der Heiligkeit standen die **Weiber**, vorzüglich die alten, bei ihnen: man glaubte, sie könnten die Zukunft wissen; befragte sie daher in den wichtigsten Staatsgeschäften, und befolgte sehr strenge ihre Aussagen; daher blieb auch noch lange bei ihnen der Glaube und die Furcht vor solchen Weibspersonen, welche man späterhin **Hexen** nannte, und zu tausenden nachher verbrennen ließ.

So war ohngefähr die Verfassung unsers Landes, ehe die **Römer** dahin kamen. Diese hatten schon einen großen Theil der damals bekannten Welt mit Recht und Unrecht an sich gerissen, und waren nun im Begriffe, das Land der Gallier, wozu die alten Trierer damals auch gehörten, zu ihren übrigen Besitzungen zu schlagen. Der römische Feldherr, welcher dieses Geschäft auf sich genommen hatte, war **Julius Cäsar**, ein Mann von großen en Talenten und ausserordentlicher Tapferkeit, aber nicht immer gleich tugendhaft und gerecht. Die Trierer, welche das Kriegsglück der Römer kannten, suchten anfänglich ihre Freundschaft, und erhielten sie auch; ja sie schickten ihnen sogar einigemale Hülfstruppen gegen ihre eigenen Landesleute. Dieses gute Einverständniß war aber nicht von langer Dauer; die Römer waren ihnen zu gefährlich, und ihre Freiheit zu lieb, als daß sie gleichgültig dabei hätten seyn können. Sie verbanden sich daher mit ihren Nachbarn gegen die Römer, und lockten deutsche Hülfstruppen über den Rhein: endlich fand sich auch bald die Gelegenheit zum gänzlichen Bruche. — Dieses alles ereignete sich ohngefähr fünfzig Jahr vor unserer gewöhnlichen Zeitrechnung.

Im Lande selbst herrschte damals die größte Uneinigkeit: zween Vornehme, Cingetorix und Induziomar, stritten um die Oberherrschaft des Staates: beide hatten ihren Anhang. Kaum hörte Cäsar von dieser Strittigkeit, so eilet er ins Trierische, um sich in diese Händel zu mischen. Cingetorix unterwarf sich sogleich dem römischen Feldherrn, indessen Induziomar sich zur Gegenwehre setzte; da er aber den Abfall seiner Soldaten befürchtete, so kam er auch zum Cäsar und versprach ihm in die Zukunft Treue und Unterwürfigkeit. Diese verstellte Ergebenheit war aber nicht von langer Dauer; denn kaum sah er, daß Cingetorix vom Cäsar besonders begünstiget und unterstützet wur-

wurde, so griff er wieder zu den Waffen, verband sich aufs Neue mit den Feinden der Römer, und schrieb eine allgemeine Volksversammlung im ganzen Lande aus, worinn er den Cingetorix als einen Feind und Verräther des Vaterlandes erklären ließ. Er wurde durch die Niederlage, welche die Feinde im Ardennenwalde erlitten, auch wirklich so muthig, daß er die Römer öfters aus ihrem verschanzten Lager herausfoderte: kamen sie nun auf seine Auffoderung nicht, so schimpfte er auf ihre Feigherzigkeit. Da er dieses eines Tages in seinem gewöhnlichen stolzen Tone wiederholte, und sich seine Soldaten ganz sorglos, und in der größten Unordnung in ihr Lager zurückziehen wollten, thaten die Römer einen unvermutheten Ausfall, und fielen alle über den einzigen Indutiomar her: dieser wollte sich in einem sichten Platze der Maas retten; doch vergebens: er wurde bald vom Feinde überwältiget, und niedergehauen.

Diese Niederlage machte die Trierer noch nicht muthlos: stolz auf ihre Kriegsmacht wollten sie sich noch nicht vor dem Cäsar beugen, und kamen nicht zu den allgemeinen Versammlungen, welche er für das ganze Land der Gallier ansagen ließ. Sie wollten lieber alles wagen, als ihre Freiheit aufgeben. Da die Römer damals noch ein ansehnliches Kriegsheer im Lande stehen hatten, so zogen die Trierer in der größten Eile ihre ganze Macht zusammen, und rückten vor das feindliche Lager. So standen

die

die beyden Heere eine geraume Zeit gegen einander, ohne etwas wichtiges zu unternehmen: nur ein kleiner Fluß trennte sie. Die Römer nahmen endlich zu einer Kriegslist ihre Zuflucht, und stellten sich an, als wenn sie fliehen wollten: kaum sahen dies die Trierer, als sie sogleich über den Fluß setzten, um den Feind auf der Flucht zu verfolgen: die Römer warten, bis alle über dem Wasser waren, wenden sich nun auf ihrer verstellten Flucht um, greifen die bestürzten Trierer an, machen ihrer mehrere nieder, und sprengen die andern in den Fluß.

So sind die Trierer denn mit Gewalt dahin gebracht worden, sich unter das römische Joch zu schmiegen, nachdem sie lange genug mit so vielem Ruhme gegen die Feinde ihrer Freiheit gefochten hatten. Sie erregten zwar noch nachher manchen Aufstand gegen ihre Unterdrücker, doch mußten sie immer der Uebermacht weichen, und sich nach den Gesetzen ihrer Besieger fügen. So warf sich im J. 21 nach Christi Geburt ein gewisser Florus gegen die Bedrückungen der Römer auf, und fand unter den Trierern, seinen Landesleuten, einen großen Anhang. In dem Ardennenwalde, welcher sich von der Maas durchs Trierische bis an den Rhein erstreckte, kam es zwischen beiden Theilen zum Handgemenge; die Trierer fochten unglücklich, und Florus stürzt sich in sein eigenes Schwerd.

Auch an den Unruhen, welche ein gewisser Civilis

vilis in dem heutigen Holland gegen die Römer erregte, nahmen die Trierer großen Antheil: sie erschlugen mehrere römischen Offiziere, welche damals in ihrem Gebiethe lagen, und brachten die Soldaten auf ihre Seite. Sie kriegten anfänglich sehr glücklich; doch waren sie zuletzt zu schwach, der Uebermacht des feindlichen Generales Cerealis zu widerstehen. Er schlägt sie bei Riol, rücket vor Trier, erobert es, und kann kaum seine auf Raub begierigen Soldaten von der Plünderung der Stadt abhalten. Bei dieser Gelegenheit wanderten 113 trierische Rathsherren mit noch mehrern andern Vornehmen über den Rhein, weil sie lieber ihr Vaterland verlassen, als den Römern länger unterwürfig seyn wollten.

Merkwürdig ist noch in diesem Kriege der Heldentod eines großen Trierers, der sich Valentin nannte: er war der Anführer seiner Landesleute, und wurde unglücklicher Weise von den Römern gefangen. Sein Tod war gewiß; er sollte durch das Schwerd des Henkers sterben: an dem Tage seiner Hinrichtung, da man ihm noch zuvor meldete, daß seine Vaterstadt von dem Feinde erobert sey, soll er so ganz ruhig geantwortet haben: Nun wohl! dann finde ich Trost im Tode.

Die Stadt Trier nahm unter der Herrschaft der Römer an Pracht und Größe sehr zu. Der Kaiser August vereinigte das trierische Gebieth mit dem römi-

römischen Reiche: die Trierer bekamen nun von ihrem Besieger neue Gesetze, eine eigene Verfassung und einen bestimmten Steuerfuß. Es mußte unsern ersten Landesleuten ungewöhnt vorkommen, römische Beamten, Redner und Juristen zu sehen, die das Recht so schön verdrehen konnten, und durch grausame Bedrückungen sich so gehäßig machten. Um die neuen trierischen Unterthanen ganz römisch zu machen, versetzte der Kaiser eine Menge seiner ausgedienten Soldaten ins Land, wodurch dann die alte Sitte so ziemlich verändert wurde. Die Römer fingen an, in ihrem eroberten Lande Soldaten zu ziehen: das trierische Gebieth mußte seine eigene Reiterei halten, welche dem Kaiser auf jeden Wink zu Gebothe stehen mußte. Längst dem Rheine wurden gegen die beständigen Ausfälle der Deutschen Festungswerke angeleget: so entstand Koblenz, Andernach, und vermuthlich auch Ehrenbreitstein. Auch mit kleinern Burgen, Schlössern und Thürmen suchten sich die Römer im eroberten Lande zu decken: sie erbauten aus dieser Ursache Linz, Stein, Lahnstein, Engers, Stromberg, Sayn, u. a. m. Auf diese Art bekam das Land ein recht furchtbares Aussehen: die Trierer, welche so gerne im Freien wohnten, wurden nun hinter Thürmen und Mauern eingeschlossen. Bey allem dem waren sie doch noch nicht so hart mitgenommen, als man glauben sollte: die Römer betrachteten unsere Väter als Freunde und Bundsgenossen, sie vertrauten ihnen die höchsten Ehrenstellen am Hofe und beim

Kriegs=

Kriegsheere an: der trierische Rath wurde zu Rom besonders geschätzet, freundschaftlich behandelt, und fast bei seinem vorigen Ansehen gelassen.— So gekümmert waren die Römer, immer in gutem Einverständniß mit den Trierern zu leben.

Von allen Seiten ward nun unser Land verschönert, und mit römischen Gebäuden angefüllet: unter die berühmtesten Städte der damals bekannten Welt zählte man Trier, wo sich öfters die römischen Kaiser aufhielten, und ihre obersten Beamten, die das Land in ihrem Namen regierten, zu wohnen pflegten. Es wurden recht künstliche Wasserleitungen, welche in langen Strecken unter der Erde durch weitschichtige Gebirge fortliefen, im Lande angeleget, und, um die Durchmärsche der Armeen zu erleichtern, sehr dauerhafte Landstraßen angebauet, wovon wir noch heut zu Tage mehrere Ueberbleibsel sehen. Die Trierer bekamen nun auch ihren Cirkus, der ausserhalb Trier, vermuthlich da, wo heute das h. Kreuz stehet, sich befand: der Cirkus war aber ein kreisförmiger Platz, mit Mauern eingeschlossen, wo sie sich im Waagenrennen und andern Spielen um die Wette übten und belustigten.

Das Amphiteater, oder wie wir Trierer das Ding nennen, der heutige Kasteller, lag ebenfals ausser Trier zur Morgenseite. Es war ein ovalrundes Gebäude von mehreren Stockwerken und

B

Thür-

Thürmen, welche im Grunde einen geräumigen, offenen Platz einschlossen, wo die Fechter zur Belustigung der Zuschauer ihr gefährliches Spiel trieben, oder die gefangenen Feinde mit den hervorgelassenen wilden Thieren, welche allda aufbewahret wurden, sich herumschlagen mußten, bis sie grausam von ihnen zerfleischt und zerstücket wurden. Noch itzt sehen wir manche Ueberbleibsel dieses merkwürdigen Gebäudes, welches unsern Landesleuten so wenige Ehre macht: das Schauerliche dieser Trümmer, und die mancherlei Oeffnungen, welche durch den Berg gehen, und noch heute vorfindlich sind, gaben die Veranlassung zu mehreren erdichteten Volksgeschichtchen, welche man noch wirklich herumtraget.

Im Kaskeller, so erzählt man sich unter andern, befindet sich ein goldenes Kalb, welches durch einen Drachen verwahret wird: eine schöne weißgekleidete Jungfrau sitzet auf dem Rande einer Pfütze, und wartet auf ihre Erlösung, welche ihr dann zu Theil werden soll, wenn sie von einem Sterblichen in diese Pfütze gestürzet würde. Der Lohn nun dieses glücklichen Erlösers sind alle die Schätze, welche sich im Kaskeller befinden.—— Was wir Menschen doch nicht allerley ersinnen, und glauben können!

Von römischer Bauart ist auch das heutige Alb- oder Altthor, vordem die weiße Pforte. Das Ganze war ein viereckigtes Gemäuer mit vier kreisförmigen Vorgebäuden, wovon noch mehrere

Ueber-

Ueberbleibsel vorfindlich sind: durch dieses Thor sollen die Trierer eingezogen seyn, wenn sie über ihre Feinde gesieget hatten; so wie sie ihren Einzug durch das schwarze Thor sollen genommen haben, wenn sie geschlagen wurden. Ein anderes Thor stand auch nach aller Vermuthung zur Mittagsseite der Stadt, aber nicht eben da, wo heut zu Tage die Neupforte stehet: die Stadt war von dieser Seite grösser, und erstreckte sich vermuthlich bis dahin, wo in dem Vorstädtchen Matheis die heutige Stadtgerechtigkeit sich endiget. Vorzüglich schön war das Thor, welches an der Mosel stand: die goldenen Sterne und Verzierungen, welche daran angebracht waren, schimmerten sowohl zur Tags= als auch zur Nachtszeit, wo sie durch Fackeln erleuchtet wurden, den ankommenden und abfahrenden Schiffen.

Da, wo heute das adliche Frauenkloster Irminen stehet, war das Fruchtmagazin der Römer: auch mehrere Fabriken und Niederlagen ihrer Waffen, Schilder, Zelten, Kleidungsstücke, und anderer Kriegsbedürfnisse für die Armeen befanden sich in Trier; ja sogar ihre Münzprägen, wo Geld geschlagen wurde, hatten die Römer alda. Blühend und ausgebreitet war der Handel im ganzen Lande, und Trier stand auf der höchsten Stuff seines Glanzes.

Unsere Landesleute erbauten nun ihren Gottheiten prachtvollere Tempel, auf öffentlichen Plätzen hatten sie ihre Bildsäulen und andere Verzierungen, mit köstlichen Denkmählern verschönerten sie ihre Begräbnißplätze, richteten Spitzsäulen auf, und wurden selbst auch in ihren Kleidungen prachtvoller: sie errichteten sich kalte und warme Bäder, baueten Palläste und angenehme Lustschlösser, wo selbst die Kaiser zu gewissen Zeiten gerne zu wohnen pflegten. — Wie viel ist von allem diesem noch übrig? Sehr wenig — die Zeit und die immerwährenden Kriege, welche unser Land so hart mitnahmen, haben fast alle Spuren davon vernichtet: und wie wenig achten wir noch diese ehrwürdigen Trümmer? — Wir stehen, wie ein gelehrter Trierer zu sagen pflegte, auf dem Schutte unsers alten Triers.

Nichts war natürlicher, als daß sich auch die Liebe zur Weichlichkeit bei den Trierern einschlich. Sie verlohren vieles von ihrem geraden, biederem Wesen: sie wurden verschlagener, liebten weniger die Beschwerden des Krieges, und machten sich lieber ein Vergnügen, als daß sie sich mühseligen Unternehmungen widmeten. Damals, als sie schon viermal vom Feinde besieget und ausgeplündert waren, begehrten sie ihre Spiele zurück, und sehnten sich nach ihren ehemaligen Belustigungen. Auch ihre Sprache litt einige Veränderung: sie redeten vordem Deutsch, wie sie auch deutsches Ursprunges waren. Die Römer brachten nun ihre Sprache,
die

die lateinische, mit, welche zwar häufig geredet wurde, aber doch keinen Eingang beim gemeinen Manne fand, welcher noch immer lieber bei seiner Muttersprache blieb: kaum waren die Römer fort, so kam auch ihre Sprache in Vergessenheit; einige Gegenden ausgenommen, wo, wie in dem übrigen Frankreich, die französische Sprache, welche aus der lateinischen zum Theile entstanden ist, geredet wird. Diese Gegenden sind aber schon eine lange Zeit vom trierischen Lande abgerissen.

In Trier war zur Römerzeit eine berühmte Schule, welche stark von den Ausländern besuchet wurde: selbst der h. Hieronymus hielt sich eine geraume Zeit bei uns auf, und widmete sich den Wissenschaften. Auf der andern Seite der Mosel zeiget man noch in dem angenehmen Felsengebirge bei Pallien eine Höhle, welche von ihm ihren Namen hat, und Hieronymushöle heißt. Besonders geehret und gut besoldet wurden die Lehrer der trierischen Schule. Ein Lehrer der Beredsamkeit hatte jährlich dreißig Jahrgehalte — ein Jahrgehalt ist so viel, als ein Mensch zu seinem jährlichen Auskommen brauchet — zwanzig Jahrgehalte hatte derjenige, welcher die lateinische Sprache lehrte, und zwölf der, welcher die Jugend im Griechischen unterrichtete. Am fürstlichen Hofe war eine andere Schule, wo die Höflinge und Juristen gebildet, und zur Landesregierung brauchbar gemacht wurden. In den Schulen der Bischöfe wurden diejenigen unterrichtet, welche dem Stande der Volkslehrer sich widmeten: unsere ersten Bischöfe schämten sich nicht, selbst die Erzieher ihrer Geistlichkeit zu seyn.

Bis dahin hatte die christliche Religion wenige Anhänger in unserm Lande: es waren zwar hier und da einzelne Menschen, welche sie kannten und verehrten; aber nie durften sie es öffentlich an den Tag legen, wenn sie sich nicht grosen Mißhandlungen und grausamen Verfolgungen aussetzen wollten. Die heidnischen Kaiser sahen die Christen immer als gefährliche Leute an, die in ihren heimlichen, nächtlichen Zusammenkünften Verschwörungen gegen ihre Mitbürger und den Fürsten stifteten. Sie wurden überall als stolze, unerträgliche Menschen, welche die Religion des Landes untergraben wollten, angesehen: man hatte immer ein wachsames Aug auf sie, und war bemühet, durch mehrere harte Gesetze die neue Religion nicht aufkommen zu lassen. Man verbrante ihre heiligen Bücher, äscherte ihre Tempel ein, und verfolgte ihre Bekenner. So blutig waren aber die Verfolgungen nicht, wie man sie gewöhnlich anzugeben pflegt.

Man spricht auch von einer solchen Verfolgung, welche sich in Trier ereignet haben soll: die Geschichte meldet folgendes davon: Der Kaiser hatte erfahren, daß sich unter seinem Heere viele tausend Christen befanden; er gab daher den Befehl, die strengste Untersuchung anzustellen, und diejenigen,
welche

welche sich weigern würden, den Götzen zu opfern, niederzumachen. Im Trierischen muſte Riccio Varus, der Stadthalter des Landes, diesen kaiserlichen Befehl ausführen. Auf dem Marsfelde vor der Stadt soll es gewesen seyn, wo das große Blutbad angerichtet, und ein ganzer Trupp römischer Soldaten mit ihrem Anführer gemordet wurde, weil sie Christum nicht abschwören wollten. Die Reihe traf nachher auch die Einwohner der Stadt selbst: denn des Tages darauf ward der Burgermeister Palmatius mit dem trierischen Senate hingerichtet, und am dritten Tage endlich war des Gemetzels kein Ende: schaarenweiß lief die unzähliche Menge aus jedem Alter und Geschlechte zum Gerichtsplatze, wollte die Marterkrone verdienen, und fiel durch das Schwerd des Henkers. Weiter wird gemeldet, daß die Mosel sich sechs Stunden abwärts bis nach Neumagen vom Blute der Erschlagenen geröthet habe.

So lautet die Geschichte, die nicht in allem Glauben verdienet, weil sie manches Widersinnige und Unwahrscheinliche enthält: so gab es gewiß in unserer Stadt zu der Zeit noch nicht so viele Christen, als alda umgekommen seyn sollen: mehrere Jahrhunderte später entstand erst diese Erzählung, da vordem von keinem Einzigen davon Meldung geschah, und in keinem ältern Buche diese Geschichte zu lesen ist. — Woher aber die vielen Knochen, welche auf diesem Marterplatze gefunden wurden? Ich antworte:

worte: hier war vormals einer der gewöhnlichen Begräbnisörter der alten Trierer. Aber in der Gruft des h. Paulinus liegen doch mehrere Martyrer begraben? — O ja, ob aber diese wirklich unter Riccio Varus, oder bei einer andern Verfolgung umgekommen, oder ob ihre Körper anderswoher zu uns gebracht worden sind, weiß ich nicht.

Diese Geschichte, sie mag wahr oder unwahr seyn, gab nachher die Veranlassung zu den sonderbarsten Erdichtungen des sogenannten Stadtgeistes, welcher der vermeintliche Blutigel Riccio Varus seyn soll. Er erschien schon öfters in verschiedenen Gestalten, war durch viele Jahrhunderte der Plagegeist unserer Stadt, und hat schon manchen furchtsamen Trierer in Schrecken versetzet. Wunderbar ist es, daß er nur in guten Weinjahren sein Spiel treibet, und seit dem Einzuge der Franzosen ganz verschwunden zu seyn scheinet.

Man giebt vor, schon unter dem h. Petrus seyen Eucharius, Valerius und Maternus, unsere drei ersten Bischöfe, von Rom aus nach Trier geschickt worden, wo sie unsere Landesleute durch mehrere Wunder zur Annahme der christlichen Religion gebracht haben sollen. Auch diese Erzählung ist erst späterhin entstanden, und man hat wirklich Ursache, an ihrer Wahrheit zu zweifeln. So viel ist einmal gewiß: sie waren alle drei zu Trier Bischöfe, aber nicht von Petrus dahin geschickt, und kamen
später;

später; zu welcher Zeit diese trierischen Apostel aber lebten, wann sie starben, und in welcher Ordnung sie auf einander gefolget sind, ist nicht so ausgemacht. Sie durften nur im Stillen die Religion, zu welcher sie sich bekannten, verbreiten: immer blieb ihr Anhang sehr klein, und man denke sich unter diesen apostolischen Männern keine Bischöfe, wie wir sie heut zu Tage sehen.

Dem Maternus leuchtete schon ein besserer Glücksstern: der Kaiser Konstantius, unter welchem er vermuthlich lebte, war den Christen nicht so unhold, als seine Vorgänger es waren; er schätzte sie, und hatte ihrer mehrere an seinem Hofe; Maternus konnte also auch sein Apostelgeschäft weiter treiben: er machte auch die Kölner und Tungern zu Christen.

Erst unter dem Kaiser Konstantin, der selbst Christ geworden war, bekam unsere Religion ihre völlige Ausbreitung. Er ließ die heidnischen Tempel niederreissen, bauete Kirchen, und beschenkte die Priester und ihre Gotteshäuser. Er war einigemal selbst zu Trier, verschönerte die Stadt mit verschiedenen prachtvollen Gebäuden: unedel war es aber immer von ihm, daß er einst bei einem siegreichen Einzuge in Trier mehrere der gefangenen Feinde den wilden Thieren in unserm Kaßteller vorgeworfen haben soll. Helena seine Mutter, welche auf eine ausserordentliche Art der christlichen Religion zugethan war, hatte in Trier ihren Pallast, und bewies
sich

sich sehr wohlthätig gegen die Kirchen. Sie machte nachher eine fromme Reise nach Palästina, brachte verschiedene Reliquien mit, und schenkte mehrere davon der trierischen Kirche. Man zeiget noch itzt zu verschiedenen Zeiten den frommen Wallfahrern den Rock, einen Nagel unsers Heilands, und den Körper des h. Apostels Mathias nebst noch mehrern andern heiligen Gebeinen und würdigen Ueberbleibseln, welche bei dieser Gelegenheit nach Trier sollen gebracht worden seyn.

Man will aber an der Aechtheit einiger dieser Reliquien zweifeln, und zwar, weil es aus der Geschichte bekannt ist, daß Helena die drei Nägel zwar mitgebracht; aber auch bei ihrer Zurückkunft sogleich aus dem einen ein Zaumgebiß für das Pferd ihres Sohnes verfertigen, den andern in seinen Helm habe verflechten laßen, um ihn so im Kriege gegen seine Feinde unüberwindlich zu machen; den dritten endlich bei einem Sturme ins Meer geworfen habe, um so glücklich dem Untergange zu entgehen. Woher, fragt man nun, kömmt der Nagel, welcher zu Trier gezeigt wird? — Man ist auch kein Ketzer, wenn man die andere Frage aufwirft, wie es möglich gewesen sey, nach einigen hundert Jahren erst diese heiligen Reliquien wieder zu finden, und zwar in einem Lande, welches so oft vom Feinde ausgeplündert, und von Grund aus verwüstet wurde. Wie doch unsere liebenswürdige Religion durch Nebendinge, welche oft zum Wesentlichen derselben

ben gemacht werden, entehret und verunstaltet wird!

Der h. Agritius, welcher unter der Kaiserinn Helena nach Trier kam, und Bischof ward, verwandelte den Pallast dieser Fürstinn zu einer prachtvollen Kirche, woraus nachher die heutige Domkirche entstand. — Die Christen, welche nun in der Ausübung ihrer Religion nicht gestöhret wurden, baueten eine Kirche nach der andern, und wetteiferten sogar unter einander, recht prachtvolle Gotteshäuser zu besitzen: so entstanden in den Vorstädten von Trier die Kirche des h. Eucharius, welche nachher dem h. Mathias geheiliget wurde, die Kirche des h. Johannes, welche nachher in die Abtei St. Maximin verwandelt wurde, jene Kirche, wo in der Folge der Bischof Paulinus seine prächtige Begräbnißstätte bekam, und welche von ihm Paulin genannt wird, und endlich an der Mosel die Kirche der h. Mutter Maria, welche später den trierischen Martyrern geweihet wurde. Wann, und von welchen alle diese Kirchen aufgebauet wurden, hat uns die Geschichte nicht aufbewahret. Späterhin ward die andere Kirche an der Mosel, die heutige Abtei Martin erbauet: hier stand vordem der Pallast des römischen Oberbeamten Tetradius: der h. Martinus, welcher ihn, und sein ganzes Haus zur christlichen Religion bekehret hatte, soll von ihm zur Dankbarkeit das Gebäude erhalten haben, welches dann nicht lange hernach zur Kirche wurde.

Das einsame Klosterleben, welches in wärmern Ländern, als die unsrigen sind, seinen Ursprung hatte, fieng auch nach und nach an im Trierischen Freunde und Anhänger zu bekommen. Die Geschichte erzählet uns davon folgendes: zween Höflinge, welche sich in Trier aufhielten, stießen einmal bei ihrem Spaziergange auf eine Einsiedelei: unterdessen sie sich einige Zeit mit dem frommen Eremiten unterhielten, bekam einer von ihnen das Buch der Lebensgeschichte des h. Antonius, welcher der Stifter des Mönchwesens war, in die Augen, er durchblättert es mit vieler Aufmerksamkeit, bekömmt eine besondere Vorliebe für diese Lebensart, und beredet seinen Gefährten, mit ihm die Einsamkeit zu suchen: da beide verlobt waren, so waren ihre Bräute um so viel eher zu bewegen, ihnen dahin zu folgen. Diese einsame Lebensart ward immer allgemeiner: bei jeder Kirche gab es Leute, welche sich ihr widmeten, die Gesellschaft der Menschen verließen, und die Einsamkeit suchten, um ja den Himmel nur nicht zu verfehlen. Da man diese Leute besonders achtete, und reichlich beschenkte, so war es kein Wunder, daß sie nachher so angesehen und reich wurden.

Der außerordentliche Glanz der Stadt Trier unter den Römern vermehrte auch das Ansehen unserer ersten Bischöfe. Der trierische Bischof war der Erste in ganz Gallien, behauptete den Vorsitz in den Kirchenversammlungen, und hatte seine Unterbischöfe, welche ihn als ihren Oberhirten oder Erz=

Erzbischof erkannten: seine Kirche ward die Mutterkirche mehrerer andern, welche derselben ihren Ursprung zu verdanken hatten, und aus Dankbarkeit ihr verschiedene Vorrechten einräumten. Unsere ersten Bischöfe verdienten es allerdings, daß sie allenthalben beliebt und geschätzt waren, und daß selbst die römischen Kaiser sie in den wichtigsten Geschäften und Angelegenheiten brauchten. Sie waren nämlich gelehrte, aufrichtige und untadelhafte Männer, Eiferer für das Haus Gottes und von der strengsten Lebensart.

Der h. Maximinus, welcher auf den Agritius folgte, starb auf der Reise, die er in Geschäften des Hofes nach Konstantinopel unternommen hatte. Seine Leiche wurde nach Trier gebracht, und in der Kirche, welche sich von ihm Maximin nennet, niedergeleget. Auf ihn folgte Paulinus, diesen verfolgte wohl sein Unglücksstern. — Zu dieser Zeit fing man nämlich in der christlichen Kirche an, die Andersdenkenden zu verfolgen: nun gab es Leute im Morgenlande, welche eine besondere Meinung von der Person Jesu hatten: man nannte sie Arianer. Ihre Lehre wurde von vielen angenommen; aber alle diejenigen, welche sie annahmen, wurden verfolget, und mußten das Land räumen: solcher Flüchtlinge hielten sich auch damals mehrere im Trierischen auf. Der Kaiser schützte sie, und verjagte den Bischof Paulinus, welcher der geschworenste Feind und Widersager derselben war. Recht
unglück=

unglücklich irrte er nun herum, predigte in entfernten heidnischen Ländern das Evangelium, und starb zulezt von Kummer und Mangel aufgezehrt. Sein Körper ruhet ausserhalb Trier zwischen den Gebeinen mehrerer heiligen Martyrer in einer besondern Gruft.

Bei Gelegenheit dieser Verfolgungen kam der h. Athanasius nach Trier, wo er Schuz suchte, und sich eine geraume Zeit aufhielt. Der h. Ambrosius, welcher nach aller Vermuthung in Trier gebohren ward, da sein Vater als römischer Beamte allda wohnte, kam ebenfalls zur Zeit dieser allgemeinen Kezerverfolgungen in Geschäften des römischen Hofes in seine Vaterstadt: unvergeßlich machte sich dieser würdige Bischof durch seinen freimüthigen und unerschrockenen Ton, womit er in Trier vor dem Throne des Tirannen Maximus sein Geschäft betrieb, und ihn des Meuchelmordes beschuldigte.

Die römischen Kaiser hielten sich immer gerne zu Trier auf, um in der Nähe zu seyn, wenn die Deutschen über den Rhein setzten, und im Reiche raubten und plünderten. So hielt der Kaiser Valentinian, der zu Conz sein Sommerschloß hatte, einmal mit seinem Sohne Gratian einen siegreichen Einzug in Trier, und ließ den prächtigen Triumphbogen erbauen, wovon wir noch einige Ueberbleibsel an der Mosel sehen.

De

Da die Kaiser und ihre Beamten zuletzt nicht mehr sicher genug in Trier wohnen konnten, so zogen sie tiefer in Frankreich nach Arles. — Zu dieser Zeit, nämlich im vierten Jahrhunderte, lebte auch in Trier der berühmte Ausonius: er war anfänglich der Erzieher der kaiserlichen Prinzen, und kam nachher zu großen Ehren: er wird uns immer wegen dem schönen Liede, worinn er die Mosel und ihre Gegenden besang, sehr werth bleiben. — Noch blieben die Trierer den Römern furchtbar: so schlossen sie einmal im J. 355. dem Kriegsheere des Magnentius, welcher sich zum Kaiser aufwarf, die Thoren; sie mußten sich aber bald ergeben, und verlohren ihren Anführer Pömenus, welcher mit noch mehrern andern unter dem Schwerde des Henkers verbluten mußte.

Zur selbigen Zeit gab es noch andere Ketzer im Lande, welche von ihrem Anführer Priscillaner genannt wurden: sie waren aus Spanien, und wurden vor den Richterstuhl des Kaisers, welcher damals zu Trier wohnte, gezogen. Der Kaiser wollte sogleich mit Feuer und Schwerd gegen sie ausziehen; auch die Bischöfe Galliens dachten so wenig christlich, daß sie selbst verlangten, man sollte strengere Maaßregeln gegen diese Leute gebrauchen. Der h. Martinus und Ambrosius, welche zu dieser Zeit in Trier sich aufhielten, waren aber einer ganz andern Meinung: sie trennten sich von den Bischöfen, welche so grausam seyn konnten, und

bewo=

bewogen den Kaiser, in seiner Wuth etwas inne zu halten. Doch wie bald waren die wohlgemeinten Vorstellungen dieser zween würdigen Bischöfe vergessen: Priscilian ward das Opfer seiner Feinde, und mit noch mehrern seiner Anhänger in Trier hingerichtet. Dieses war das erste Ketzerblut, welches in unsern Mauern vergossen ward: o wäre es auch das letzte gewesen!—— Die Trennung unter den Bischöfen ward nachher so groß, daß Felix, welcher damals der trierischen Kirche vorstand, aus ihrer Gemeinschaft ausgeschlossen ward: er wich auch zuletzt selbst seinen Verfolgern aus dem Wege, und brachte seine letzten Tage in der Einsamkeit zu.

Die Deutschen, welche schon oft die Römer in ihren Wohnsitzen angegriffen hatten, wurden nun täglich zudringlicher: das Reich war zu schwach, ihnen länger Widerstand zu thun; selbst die Kaiser mußten ihnen oft die schönsten Strecken Landes einräumen, und ungeheure Summen bezahlen, um auf einige Art vor diesen ungeladenen Gästen Ruhe zu haben. Die Herrschaft der Römer war überall verhaßt und unerträglich geworden: ewige Erpressungen, ungeheure Abgaben, gewaltsame Werbungen, die größten Ungerechtigkeiten und Schandthaten, welche die Beamten begiengen, brachten die Unterthanen des Reichs zur Verzweiflung. Die Franken, welche auch Deutsche waren, und sich schon öfters im Reiche hatten sehen lassen, machten endlich der drückenden Herrschaft der Römer ein Ende.

Bei

Bei dieser Gelegenheit ward Trier öfters hart mitgenommen, ausgeplündert, und von grundaus verwüstet. Einmal riefen die Trierer selbst die Franken über den Rhein, um sich an einem Bubenstücke des Kaisers Jovinus zu rächen. Dieser hielt sich einige Zeit in Trier auf, und stellte sich krank: die Weiber der trierischen Rathsherrn mußten ihm nun auf seinen Befehl ihren Besuch machen. Vor allen stach ihm das Weib des Lucius in den Augen; nichts war also natürlicher, besonders für einen Kaiser, als daß er seine Wohllust befriedigte. Beschimpft und entehrt schickte er sie am Morgen ihrem Manne zurück: dieser fand sich aufs äußerste beleidiget, sann auf Rache, rief die benachbarten Franken ins Land, und bestrafte den Ehebrecher. — So kamen dann die Trierer im J. 463 unter die Herrschaft der Franken, welche ein großes Reich stifteten, das noch heut zu Tage von ihnen *Frankreich* heißt.

Unter den Franken erhielt alles wieder so ziemlich eine andere Gestalt: sie theilten ihre Besitzungen in *Pflegen*, oder *Gauen* ein, welche mehrere Dorfschaften und zerstreuten Landhäuser unter sich begriffen. Der Oberrichter des Gaues war der *Graf*, oder der *Graue*, welcher vermuthlich daher seinen Namen hatte, weil er aus den Aeltesten gewählet wurde: dieser Graf hatte wieder seine Unterrichter und *Schöpfen*, oder *Scheffen*. Die *Herzogen* hatten schon mehr zu sagen: sie waren

waren über mehrere Gauen gesetzet, und hatten im Kriege die Obergewalt über die Armeen. Die Gauen bekamen meistens ihre Benennungen von einem Flusse, einem Walde oder einem berühmten Orte, welcher sich darinn befand: so war bei uns der Saargau, Nitgau, Bliesgau, Moselgau, Lahngau und Nahgau: lauter Namen von grössern und kleinern Flüssen im Lande. Im Ardennen- oder Kohlenwalde lag der Arbennengau: der Mayengau bekam seine Benennung von dem bekannten Orte Manen, welcher auf dem Mayenfelde liegt; so wie der Bedgau, der unserer Hauptstadt am nächsten war, von dem Orte Beda, welcher das heutige Bebburg ist, benennet ward.

Die Grafen auf dem Hunsrücken wurden von der unfreundlichen Gegend, welche sie bewohnten, Wildgrafen, Rheingrafen oder auch Thaugrafen genännt. — Diese neuen Herzogen und Grafen erhielten lebenslänglich vom Könige beträchtliche Besitzungen, wodurch sie reichlich genähret wurden. Sie fingen nachher an, diese Güter als ihr Eigenthum zu betrachten, hinterließen sie ihren Kindern erblich, behielten noch ihre Namen bei, da ihre Bedienungen schon eingezogen waren, und wurden mächtige und angesehene Leute, welche es den Fürsten gleich thaten.

Die ganze Verfassung unsers Landes bleibt immer räthselhaft, wenn man nicht ein wenig ihrem Ursprunge nachforschet. Anfänglich waren alle Güter in den Händen des Fürsten und des Adels: der gemeine Mann war selten mehr als Knecht, welcher diese Güter anbauete, oder, wenn er die Früchten davon einsammelte, seinem Gutsherrn beträchtliche Abgaben geben mußte. Woher dies nun?

Sehet! das kam daher: Die Länder, welche damals meistens mit Gewalt in Besitz genommen wurden, vertheilten die Anführer blos unter sich: sie übergaben zwar auch beträchtliche Stücke davon ihren Soldaten; doch blieben sie immer die eigentlichen Herrn des Landes. Der gemeine Mann war von der Theilung ausgeschlossen, und nur das zu bestimmt, der Anbauer dieser Ländereien zu werden; denn der Kriegsmann, welcher immer die Waffen trug, schämte sich hinter dem Pfluge zu gehen. So entstand dann der Bauernstand, dessen Lage anfänglich sehr drückend war, und der oft weniger beneidenswerth war, als sein hagerer Ochs, welcher dies harte Schicksal mit ihm theilte. Der Landmann war leibeigen, wurde mit dem Gute verkauft und vertauscht, in seinen Kindern erzog er seinem Gutsbesitzer neue Knechte, ohne die Erlaubniß seines Herrn durfte er nicht heirathen, starb sein Weib, so waren ihre besten Kleider dem Gutsmanne, und that er selbst die Augen zu, so fiel ihm sein bestes Stück Vieh anheim.

In dieſer Verfaſſung liegt nun der Grund von
den mancherlei Abgaben, Zinſen und Frohndienſten,
welche die meiſten Dorfſchaften ihren Gutsbeſitzern
noch itzt entrichten müſſen: daher die Benennungen
von mehrern Oertern, welche auf **Weiler** aus=
gehen; z. B. **Trierweiler, Gutweiler, Butz=
weiler, Nonnweiler, Waldweiler** u. ſ. f.
Weiler bedeutet nämlich einen **Hof**: da, wo
itzt dieſe Dorfſchaften ſtehen, waren ehedem Hof=
häuſer, deren Bewohner das Land ihres Herrn un=
ter gewiſſen Bedingungen anbauten: da ſie ſich nach=
her weiter ausdehnten, ſo bildeten ſie ganze Dorf=
ſchaften. — Die Gutsherrn wurden in der Folge et=
was gelinder, hoben manche Laſten ihrer Bauern
auf, und ſchenkten ihnen die Freiheit: nur die
geiſtlichen Herren waren hierinn härter; dann auch
noch ſpäter hielten ſie ihre Knechte und Leibeigenen
bei. — Man nannte dieſe Leute damals **arme Leu=
te**; und das zwar mit Recht.

Es entſtanden auf dieſe Art mehrere Klaſſen von
Leuten: unter den **höhern Adel** rechnete man
die Herzogen und Grafen, unter dem **niedern**
begriff man die **freien Leute**, welche entweder
ihre eigenen Beſitzungen hatten, oder vom Könige
Ländereien erhielten, um für ihn ſich aufzuſetzen,
und in den Krieg auszuziehen, wenn es nothwen=
dig war. Zum **dritten Stande** gehörten die
Geiſtlichen, welche dem Adel gleich geſchätzet wur=
den, und mehrere Vorrechten erhielten: dann kam
der

der Bauern= und Leibeigenstand. Der Städter hatte vordem kein besseres Schicksal, als der Landmann: er zog in die Stadt, um allda mancherlei Gewerbe und Handthierungen zu treiben, und zur Vertheidigung der festen Plätze und Burgen zu dienen. Die Städte erhielten nachher manche Freiheiten und Vorrechten, wodurch ihre Macht und ihr Ansehen sehr stieg.

Unter den Franken blieb Trier so ziemlich bei seinem vorigen Glanze: die Könige hielten sich selten eine lange Zeit darinn auf, hatten keinen bleibenden Sitz, und zogen im ganzen Lande herum. Im weiten Reiche lagen ihre Burgen und Höfe zerstreuet: wo sie hinkamen, fanden sie und ihr Hofstaat Obdach, und reichlich für ihre Bewirthung gesorget. Im Trierischen gab es dieser Königshöfe mehrere: einer lag in der Stadt Trier, wo noch heut zu Tage der kurfürstliche Pallast steht: hier wohnten zur Zeit die Grafen; weswegen dieser Ort noch ißt zur Grafschaft oder zum Graben genennet wird. Der zweite Königshof in Trier stand zu Dehren, wo heute ein abliches Frauenkloster ist: auch Pfalzel, Epternach, Dezem, Koblenz, Andernach, Boppard, Wesel, Prüm und Schönecken waren ehedem Maierhöfe der fränkischen Könige. Der Lieblingsaufenthalt der deutschen Fürsten war die Eifel: hier hatten sie den großen Kohlenwald vor sich, wo sie ihre Jagdbelustigungen trieben.

Unter der neuen deutschen Regierung kam auch eine andre Verfassung ins Land: die Gesetze wurden einfacher und nicht so gekünstelt, als die römischen es waren: die Grafen und Schöpfen richteten mehr nach Billigkeit und alter deutschen Landessitte; die vorige Einrichtung unter den Römern war daher gar bald vergessen. Die Geistlichkeit nur hatte noch eine besondere Anhänglichkeit an die alten Gesetze, und suchte sie beizubehalten; vermuthlich weil sie sich besser dabei befand. — Die neuen Herrn des Landes waren zwar nicht so weichlich und verzärtelt als die Römer, aber um so viel mehr grausam arglistig und meineidig.

Auf eine ausserordentliche Art stieg zu dieser Zeit die Macht und das Ansehen der Geistlichkeit: die Fürsten und Großen wetteiferten unter einander, die Kirchen und Klöster reichlich zu beschenken. Diese besondere Freigebigkeit hatte meistens darinn ihren Ursprung; weil die Bischöfe und ihre Geistlichen in einem sehr großen Rufe der Gelehrsamkeit und Frömmigkeit standen, und zu den wichtigsten Staatsämtern gebraucht werden konnten: öfters giengen auch selbst Fürstensöhne und Töchter in die Klöster; diese kamen dann selten mit leerer Hand, und machten reichliche Schankungen. Andere machten, wie sie in ihren Briefen vorgaben, diese frommen Stiftungen aus Liebe zu ihrem Gott, um den Himmel nicht zu verfehlen, eine oder die andere Sünde abzubüßen, eine glückliche und ruhige Regierung zu er-

lanfangen, oder endlich um sich eine zahlreiche Nachkommenschaft vom Himmel zu erbitten. Auch pflegte man schon damals die verschiedenen vorgeschriebenen Bußübungen der Sünder mit Geld einzulösen, welches ebenfals beträchtliche Reichthümer in unsere Kirche brachte.

Unsere Erzbischöfe kamen schon frühe aus der Gewalt der Herzogen und Grafen, wurden unabhängig von jeder weltlichen Macht, und standen nur unter dem Könige. Sie gaben sich nicht selbst mit der Regierung ihrer Leute und Güter ab, sondern hatten ihre Vögte, welche darüber wachen mußten: diese Vögte wurden nachher sehr mächtig, und machten den Erzbischöfen vieles zu schaffen. So vermehrten sich dann immer auf eine ansehnliche Art die Besitzungen unserer Bischöfe, welche anfingen, sich wie Fürsten zu betragen, Geld schlugen, Zölle anlegten, und Jahrmärkte hielten. — Anfänglich wurden sie vom Volke und der Geistlichkeit zugleich gewählet, und vom Könige bestättiget: nachher bekam die Sache eine andere Gestalt, wie wir weiter sehen werden.

Die Geistlichen in den Städten führten damals ein gemeinschaftliches Leben, hatten ihre besondere Regel, und versammelten sich zu gewissen Zeiten des Tages, um ihren Gott zu loben; dies waren dann die Tagesordnungen, woraus unser heutiges Brevier noch bestehet. Diese Geistlichen, welche so
ge-

gemeinschaftlich zusammen lebten, nannte man Ca=
nonici oder Regelherren. So wohnten auch un=
sere Bischöfe mit ihrer Geistlichkeit unter einem Dach
und Fach: und dies ist dann der älteste Ursprung
des heutigen trierischen Domstiftes. Die Geistlich=
en zu Paulin, auf dem Münstermennfelde, zum h.
Kastor in Koblenz und in Limburg an der Lahn folg=
ten sogleich diesem Beispiele, und ahmten die ge=
meinschaftliche Lebensart nach. Da ihnen nachher
diese Trennung von der übrigen Welt nicht mehr
gefallen wollte, so gingen sie wieder auseinander,
und vertheilten die gemeinschaftlichen Einkünfte un=
ter sich.

Die schön gezierten Gotteshäuser, welche Pau=
sten ähnlich sahen, und der regelmäßige Chorgesang
der Geistlichen, welcher nun eingeführt ward, und
durch die Klosterherren von Metlach seine beson=
dere Vollkommenheit erhielt, trugen auch vieles zum
Glanze der Kirchen und ihrer Diener bei. Die Or=
gel, welche bald darauf auch ins Land gebracht
ward, begleitete auf eine angenehme Art diesen neu=
en Gesang. Hier will ich nicht sagen, in wie weit
dadurch die innere Andacht der Christen vermehrt
oder vermindert wurde; das Aug und Ohr des Laien
mag zwar angenehmer dabei beschäftiget gewor=
den seyn; aber das Herz blieb doch so oft dabei
kalt und leer.

Man

Man kann es sich auch erklären, warum bei unserm heutigen Kirchendienste und den übrigen Ceremonien die lateinische Sprache noch beibehalten ward. Da die Römer noch im Lande wohnten, war ihre Sprache fast die gangbarste; natürlich also, daß man sie auch beim Kirchendienste einführte. Da die Römer weg waren, behielt man doch noch ihre Sprache bei, weil die deutsche noch so roh, so arm an Worten und fast gar nicht schreibbar war. Als Karl der Große gar den lateinischen Gesang einführte, so war und blieb unser Kirchendienst lateinisch, welches für den gemeinen Mann, der diese Sprache nicht verstehet, wenig verständlich und erbauend ist.

Unsere Bischöfe erhielten auch in ihrem Dienste manche Aushelfer: so hatten sie ihre Chor- oder Landbischöfe, ihre Archidiakonen oder Oberdiener und später ihre Weihbischöfe, welche sowohl in den Städten als auf dem Lande das Amt des Bischofs vertreten mußten. Die Geistlichkeit, welche vordem nur von den Opfern und milden Gaben der Gläubigen lebte, bekam nun auch das Zehntrecht, mit der schönen Verfügung, daß der eine Theil zum Unterhalte der Priester, der zweite für die Aufrechthaltung des Gotteshauses, der dritte endlich zur Unterstützung der Armen bestimmt seyn sollte. Man vergaß aber bald diese schöne Einrichtung, und trieb mit den Kirchengütern die ungerechtesten Schleich- und Tauschhändel.

Dieses

Dieses, und noch manches andere, mag auch die Ursache gewesen seyn, daß sich das Ansehen der Geistlichen nach und nach immer mehr verminderte: man beneidete ihren Reichthum, verachtete ihre Dummheit, und haßte ihre Ausschweifungen. Jeder Junker, welcher gerne einen Schloßkaplan haben wollte, schnitt einem seiner Knechte die Haare ab, ließ ihm nach einigem Unterrichte vom Bischofe die Weihe geben, und gebrauchte ihn nach wie zuvor auf der Jagd und bei seinen Pferden im Stalle zu verschiedenen niedrigen Dienstleistungen. Die Bischöfe zogen meistens selbst mit ihren Leuten in den Krieg, und lebten oft Jahre lang von ihrer Gemeinde getrennet. Die Geistlichen liebten mit der größten Ausschweifung die Jagd, hielten ihre Kuppelhunde, hatten ihre Stoßvögel, und giengen wie die Kriegsleute meistens bewaffnet. Man machte zwar mehrere Verfügungen dagegen; doch meistens vergebens.

In diesen Zeiten fieng es auch an, sehr finster auszusehen: man fand im geistlichen Stande öfters Männer, welche kaum die lateinische Sprache lesen, und ihre Namen leserlich schreiben konnten. An einen reinen, vernünftigen Religionsunterricht war nicht zu denken: Aberglauben und Dummheit nahm überhand, und das schöne Christenthum ward verunstaltet; daher der allgemeine Haß der Weltlichen gegen die Geistlichen: und dies dann auch die Ursache, daß die Kirchengüter so manchen Plünderungen

rungen und Gewaltthätigkeiten ausgesetzet waren, daß oft die Bannflüche nicht hinreichten, um die Räuber abzuschrecken, und die Bischöfe zum Schwerd greifen mußten, um ihre Kirchen zu schützen.

Am höchsten stieg zu diesen Zeiten das Ansehen und der Reichthum der Klöster. Es wurde eins nach dem andern im Lande errichtet: alle standen sie unter der Regel des h. Benediktts. Mehrere trierischen Bischöfe waren vor ihrer Erhöhung Mönche gewesen, und brachten oft ihre letzten Tage wieder zwischen den Klostermauern zu, um so ungestöhret vom Weltgetümmel dem Tode entgegen zu harren. Viele dieser Klöster wurden in der Folge der Gerichtsbarkeit der Grafen entzogen, standen unmittelbar unter dem Kaiser, und erhielten nebst andern ansehnlichen Privilegien das Zoll= Markt= und Münzrecht. Ihre Aebte wurden zuletzt so gar Stände des deutschen Reiches, betrugen sich wie die Bischöfe, und thaten es den Fürsten gleich.

Wie viele es nun auf der einen Seite gab, welche so ausserordentlich freigebig gegen die Klöster gewesen sind, so waren auf der andern Seite wieder eben so viele, welche ihnen manchen Abbruch thaten, sich mit Gewalt in ihre Güter setzten, die Mönchen plagten, und sie nach Willkühr beherrschten. — Die Klosterherrn beschäftigten sich anfänglich auf mancherlei Art, einige mit nützlichen Handarbei=

arbeiten, mit Anbauung von ganzen unfruchtbaren Strecken, andere mit dem Bücherabschreiben und dem Unterrichte der Jugend, und wieder andere mit schönen Künsten und nützlichen Wissenschaften. So gab es dann unter ihnen immer recht brauchbare Leute, bei denen man in den finstersten Zeiten oft große Gelehrsamkeit antraf.

Der trierische Bischof Cyrillus erbauete im J. 455 an die Kapelle des h. Eucharius das Kloster, welches von ihm seine erste Einrichtung erhielt, und nachher wegen seiner Schule und den gelehrten Männern, welche sich in selbiger hervorthaten, so berühmt ward. — Einige Jahre nachher erneuerte und verschönerte der Bischof Marus die schadhafte Kirche des h. Paulinus. Von ihm hat ein Theil der trierischen Vorstadt die Benennung Mar erhalten. Im sechsten Jahrhunderte lebte im Trierischen ein Geistlicher, welcher in einem besondern Rufe der Heiligkeit stand, und ein großes Aufsehen erregte: es war der h. Goar, dem man einmal das trierische Bischthum antrug, welches er aber ausgeschlagen haben soll. Er stiftete am Rhein ein Hospital nebst einer Kirche, welches von ihm noch ist St. Goar genennet wird. Es kam nachher mit dem Königshofe, welcher sich alda befand, an das Kloster in Prüm. In der Folge entstanden deswegen mehrere Strittigkeiten zwischen dem Abte und dem trierischen Bischofe, welche aber alle zu Gunsten

ſten des Kloſters von Karl dem Großen beigeleget wurden.

Im Jahr 527. ſaß der h. Nicetius, ein beſonderer Eiferer für die Reinheit der Sitten in ſeiner Kirche, auf dem trieriſchen Stuhle. Den fränkiſchen König, welcher des Ehebruches beſchuldiget ward, bannte er aus der chriſtlichen Gemeinde, und ſoll ſogar an einem Sonntage, da der König ungeachtet des biſchöflichen Verbothes der Meſſe der Gläubigen beiwohnen wollte, ſo lange am Altare eingehalten haben, bis der Gebannte die Kirche verließ Dieſer auſſerordentliche Eifer für das Haus Gottes machte ihn bei dem königlichen Hofe ſo verhaßt, daß er aus ſeinem Biſthume entweichen, und unglücklich im Elende herumirren mußte: erſt nach dem Tode des erbitterten Königs durfte er wieder zurückkehren. Er erbauete an der Moſel ein prachtvolles Schloß mit 30 Thürmen, ſchönen Marmorſäulen und einer künſtlichen Waſſerleitung. Man vermuthet, es ſey das heutige Biſchofſtein, wovon noch mehrere Ueberbleibſel ſichtbar ſind.

Magnerikus wurde im J. 573 Biſchof zu Trier: er war ein beſonderer Freund und Verehrer des h. Martinus, und errichtete ihm zu Ehren mehrere Kirchen: eine nämlich am Moſelufer bei Trier, wo itzt noch das Benediktiner Kloſter St. Martin ſtehet, welches von ihm ſeine erſte Verfaſſung erhielt. Die andere baute er nicht weit davon auf

dem

dem Marsberge, oder dem heutigen Kreutzgen, wohin nachher die Klosterfrauen der h. Katharina, welche später in Trier sich niederließen, gesetzet wurden: man findet itzt kaum eine Spur mehr davon. Ich vermuthe, daß die Kapelle zu Gusterath ohnweit Trier nach dem Verfalle dieses Klosters den h. Martinus als den Pfarrpatron des Ortes aufgenommen habe. Die dritte stiftete er zu Carden an der untern Mosel.

Unter dem Modoalbus, welcher im J. 622 trierischer Bischof warb, schlich sich auch eine ausserordentliche Liebe zum einsamen Klosterleben unter das züchtige Frauengeschlecht ein. So wurden die Königshöfe Oehren und Pfalzel unter ihm zu Frauenklöster, welche ebenfals die Regel des h. Benedikts erhielten, umgeschaffen. In dem erstern war Irmina, in dem andern Abhela Vorsteherinn: beide aus königlicher Familie. Ein drittes Nonnenkloster bauete Modoalbus in die Nachbarschaft von St. Martin, setzte seine Schwester als Abtissinn daselbst an, und wollte nach seinem Tode auch dahin begraben werden. Dieses Kloster hatte nachher mit noch mehrern andern ein gleiches Schicksal, und wurde in einen Steinhaufen verwandelt.

Zu dieser Zeit gab es ausserordentlich viele andächtigen Männer, welche ihren einzigen Trost in der Einsamkeit suchten, die stürmische Welt verließen, und sich in Einöden verkrochen. So lebte nach
aller

aller Vermuthung damals der h. Wendelin: er soll zu erst als Hirt bei Trier die Schafe gehütet haben, nachher aber, wie man vorgibt, Abt zu Tholey geworden seyn. Banto und Beatus, zween trierische Priester, flohen ins vogesische Gebirg, und schlugen alba ihre Einsidelei auf: die Gebeine des erstern wurden in der Folge zu Trier in der Kapelle, welche von ihm ihren Namen führet, niedergeleget. Der berühmte Eremit Paulus, welcher nachher Bischof ward, wohnte jenseits der Mosel auf der Abendseite der Stadt Trier. Einige wollen haben, daß von ihm, nicht aber vom Apollo der Polsberg seinen Namen führe. Selbst der trierische Bischof Hilbulphus verließ mit noch einigen andern seiner Gesellen sein Vaterland und Bischthum, suchte sich ein einsames Plätzgen auf dem Vogesus, und starb alba.

Unter dem Bischofe Basinus, welcher im J. 671 gewählet wurde, kam der h. Willibrod, der Apostel und Bekehrer der Holländer, nach Trier, wo er sehr freundschaftlich aufgenommen, und unterstützet wurde. Er errichtete das in der Folge so berühmt gewordene Kloster Epternach, wo auch seine Leiche ruhet. Jährlich ehrte man ihn nachher alba durch die Prozession der tanzenden Heiligen, wobei die frommen Pilgrime bis zum Tollwerden und Niedersinken dem Heiligen zu Ehren umhersprangen; im Unterlassungsfalle glaubte man, daß das Vieh in den Ställen die Springsucht bekom=

bekommen würde. Zu Mergen bei Trier an der Mosel führte er eine beständige Mönchsregel ein, und traf noch viele anderen nützlichen Verfügungen in unserm Lande.

Im J. 713 saß Milo, ein Sohn des Bischofs Lutwinus, auf dem trierischen Stuhle. Er war selbst nie Priester gewesen, sondern hatte nur die Tonsur empfangen: das ist, er ward nur geschoren; die Tonsur war aber der erste Grad zur geistlichen Würde, und mußte jeder Weihe voraus gehen. Die Geschichte schildert diesen Milo als den größten Plageteufel des trierischen Landes, der ganze vierzig Jahre hindurch die Kirchen ausplünderte, die Unterthanen aussaugte, die größte Sittenlosigkeit verbreitete, und ungestört jeden möglichen Unfug trieb. Zum Glücke der Trierer lebten damals Willibrod und der Apostel der Deutschen, der h. Bonifacius, welche der gedrückten Kirche recht väterlich beistanden. Eine Volksmähre erzählte nachher, daß Milo einst auf der Jagd, welche er ausserordentlich liebte, von einem wilden Schweine zerrissen worden sey; daher noch von ihm der Wald bei Erang unter Trier, wo er nach dieser Erzählung so unglücklich umkam, Milowald heißen soll.

Um diese Zeit wurde auch das berühmte Benediktiner Kloster zu Prüm in der Eifel errichtet. Eine reiche Wittwe, Bertrada mit Namen, legte

legte den Grund dazu, und der König Pipin vollendete es. Dieses Kloster ward die Pflanzschule so vieler würdigen und gelehrten Männer, und wurde gar bald, eben so wie jenes zu Maximin, der Gewalt der weltlichen Richter entzogen, und als unmittelbar erkläret.

Unter Karl dem Großen, welcher ein vortreflicher Fürst war, und auch wieder den Kaisertitel, der schon lange in Vergessenheit gerathen war, annahm, erschienen die Sachsen, ein noch wildes Volk aus dem nördlichen Deutschlande, an dem Rhein, verbreiteten wo sie hinkamen Furcht und Schrecken, plünderten einen Theil des trierischen Gebiethes rein aus, und schonten keines Alters und Geschlechtes. — Unter diesem Kaiser blüheten auch die Künsten und Wissenschaften wieder etwas auf: er schätzte die Gelehrten, und machte die schönsten Landesgesetze, seine Unterthanen recht glücklich zu machen, und die Sitten der Geistlichen zu verbessern. Nur dies können wir Trierer ihm nicht zu Gute halten, daß er die schönsten Bildsäulen, die merkwürdigsten Denkmäler und die kostbarsten Verzierungen aus unserm Lande nach Aachen schlepte, um diese seine Lieblingsstadt recht zu verschönern.

Zu dieser Zeit lebte auch der berühmte trierische Bischof Amalharius, der vom Kaiser Karl sehr geschätzet, zu mehrern Geschäften gebrauchet, und so gar einmal als Gesandter zum Kaiser ins Morgenland

D

land abgeschicket wurde. Amalharius war ein großer Freund der Wissenschaften, und ein starker Eiferer für gute Kirchenzucht. — Karl war sehr freigebig gegen ihn und seine Kirche: man zeiget zu Maximin ein recht künstlich geschriebenes Buch der vier Evangelisten mit goldenen Buchstaben und den reichlichsten Verzierungen, welches Ada die Schwester Karls dahin verschenket haben soll.

Der Sohn Karls, Ludwig der Fromme, war noch wohlthätiger gegen die trierische Kirche, als sein Vater. — Unter ihm erbauete der damalige trierische Bischof Hetti die berühmte Stiftskirche zum h. Kastor in Koblenz, wohin er die Gebeine dieses Heiligen von Carden, wo ihm zu Ehren schon früher der Bischof Weomadus eine Kirche errichtet hatte, bringen ließ. Ludwig unternahm selbst mit der ganzen königlichen Familie eine Wallfahrt zu seinem Grabe, machte dem Heiligen viele reichlichen Geschenke, und hielt sich einige Tage in Koblenz auf: wie er und seine Söhne dann öfters gerne im Trierischen wohnten.

Ludwig war ein besonderer Freund der Geistlichen, und schenkte ihnen sein ganzes Zutrauen. Den Helisachar, Abt zu Maximin, schickte er als Gesandten nach Spanien, und setzte ihn sogar über einen großen Strich seiner Länder. Dem Marluerd, Abt zu Prüm, trug er die Gesandschaft an seinen Sohn Lothar auf: Hetti mußte an dem

dem Sterbebette dieses allzuguten und unglücklichen Königes seyn, dem seine eigenen Söhne recht das Leben verbitterten.

Da das Reich nachher unter die Söhne Ludwigs getheilt wurde, so kam Trier zu den Besitzungen, welche man Lotharingen hieß; und das zwar aus der Ursache, weil sie unter dem Kaiser Lothar standen, welchem sie bei der Theilung zufielen. Dieser Lothar legte nachher aus Ueberdruß wegen dem Unrechte, welches er seinem Vater zugefüget hatte, die Krone nieder, und wanderte in das Kloster zu Prüm, wo er auch bald darauf starb. Im J. 860 war in Koblenz die berühmte Zusammenkunft der drei fränkischen Könige Lothar, Ludwig und Karl, bei welcher auch mehrere Bischöfe zugegen waren: man söhnte die alten Beleidigungen aus, und machte für die Kirche noch andere guten Verfügungen.

Auf Hetti folgte im J. 847 der Bischof Teutgaudus. Bei einem feindlichen Ueberfalle hatte er das Unglück mit noch mehrern seiner Geistlichen von Straßenräubern aufgefangen zu werden: er wurde aber bald wieder auf sein Ehrenwort losgelassen, und auf freien Fuß gesetzet. Er beging nachher die Unbesonnenheit, sich auf die Seite des Königs Lothar zu schlagen, der sein rechtmäßiges Weib verstieß, und sein Herz an eine Beischläferinn hing; ja er rechtfertigte so gar selbst in mehrern Kirchenverſammlungen den Schritt des Königes. Der Papſt, welcher ihm dies ſehr übel nahm, ließ ihn vor ſich kommen, und entſetzte ihn ſeines Amts: er ſtarb nachher als ein Lai ſehr elend in Rom. Im J. 870 kamen die Trierer bei der Theilung, welche die Könige Karl und Ludwig trafen, an Deutſchland.

Unter den Franken gieng der Handel und Wandel im Lande aufferordentlich ſchlecht. Die Römer wollten einmal den Verſuch machen, die Saone, einen Fluß in Frankreich, mit der Moſel durch einen Kanal zu verbinden; und da hätte man zu Waſſer aus dem Trieriſchen durch ganz Frankreich bis ans Meer fahren können. Wie vortheilhaft dies für den Handel würde geweſen ſeyn, ſehet jeder leicht ein. Dieſes Unternehmen wurde aber hintertrieben, und kam nicht zu Stande.

Bei den ewigen Unruhen und Kriegen im Lande war nachher an keinen ordentlichen Verkehr zu denken: nur der Soldatenſtand war geehret, und das Handlungsgeſchäft überließ man den Juden, welche ſich bereicherten, und dadurch den Neid und Haß der Chriſten auf ſich zogen. — An den volksreichern und berühmtern Oertern des trieriſchen Landes fing man an, Märkte zu halten, und um den Handel auf dieſen Märkten zu erleichtern, erhielten jene Oerter auch die Erlaubniß, Geld zu prägen. Man denke ſich aber hier keine Münzprägen,

wie

wie wir sie heut zu Tage haben: man wog das Gold, Silber oder Kupfer, welches man in unförmlichen Metallklumpen aufbewahrte, anfänglich gegen einander ab: da man es nachher prägen ließ, so geschah dies dann erst, wenn man es ausgeben wollte. Die geprägten Münzen hatten keine besondere Schönheit oder Feinheit, und waren oft nicht einmal platt, wie die heutigen; aber doch um so höher im Werthe, und weniger mit schlechterm Zusaße vermischt.

Karl der Große sorgte zwar für sichere und bequeme Straßen, und legte im Reiche mehrere Niederlagsstädte des Handels an; doch blieben diese Mittel, wie gut sie waren, die Handlung zu befördern, von keiner Dauer, und fruchtlos.—Da waren der Zölle und der Raubschlösser so viele, daß der Handelsmann ohne ein schweres und kostspielliges Geleit kaum durchkommen konnte.

Das trierische Land hat der Vorzüge so viele von der Natur erhalten, so manche Producten im Ueberfluß und eine so günstige Lage, daß der Handel und das Gewerb ungemein befördert werden müßten. Doch wie traurig, daß man diese Vorzüge nicht kennen mag, noch benuzen will, daß unter so vielen tausend Händen so wenig Betriebsamkeit herrschet, daß man öfters mit dreifacher Auslage das in fremden Landen erhandlen muß, was man weit wohlfeiler im eigenen verfertigen und haben könnte. Woran liegt die Schuld?

Da der Bauernstand unter den Franken so wenig geachtet, und so knechtisch behandelt wurde, so mußte es auch schlecht um den Ackerbau stehen. — Der Handwerke und Gewerbe gab es damals weniger, als heut zu Tage. Jeder hatte seine eigene Fabrik in seinem Hause: selbst Königstöchter beschäftigten sich mit dem Spinnrocken, und hielten ihre Hände nicht für zu vornehm, auch Brod zu backen. Das waren andere Zeiten! da waren die Moden auch nicht so häufig: da trug man sich so ganz schlecht und recht, und sparte vielen Aufwand. Nachher wurde das Ding aber so ziemlich anders: da fing man an, sich seidene und prächtige Stoffe aus dem Auslande kommen zu lassen, und zierte sich mit Gold und Edelsteinen, so daß der Kaiser mehrere Gesetze gegen die Kleiderpracht machen mußte. Da war dann die altfränkische Kleidertracht nicht mehr gut genug, und der Schneider, wie die Limburger Kronik saget, welcher heute noch ein vornehmer Meister war, war morgen ein Juscher.

Die Trierer, welche recht vom Schicksale aus einer Hand in die andere geworfen wurden, erst die Römer zu ihren Herrn hatten, dann unter verschiedenen fränkischen Fürsten standen, wurden bei der letzten Theilung vom Frankenlande, wozu sie sonst gerechnet wurden, losgerissen, und zu Deutschland, ihrem alten Mutterlande, geschlagen. Sie traten nun in eine neue Verbindung und engere Bekanntschaft mit ihren Landesleuten jenseits

des

des großen Rheinstromes, söhnten die alten Feindseligkeiten. welche ehedem in beständigen Kriegen fortdauerten, unter einander wieder aus, entwöhnten sich nach und nach der fränkischen Sitte und Lebensart, und schlossen sich enger an ihr altes Mutterland an.

Um diese Zeit sah es in der trierischen Kirche sehr unruhig aus: da war nach dem Tode des Teutgaudus keiner, der ihr vorstand, bis erst im J. 869 Bertulf geweihen wurde. Es war allerdings gegen alle bischöfliche Sanftmuth, und nicht lobenswürdig von ihm, daß er es so eifrig mit dem Bischofe Hinkmar von Rheims hielt, der doch so grausam mit seinem eigenen Vetter verfuhr, daß er ihn seines Bisthums entsetzte, ihm die Augen ausstechen, und ihn zuletzt in Ketten werfen ließ. Diese Art, Menschen zu schinden, war schon lange vordem unter den Franken bekannt: so ließ Kaiser Karl der Kahle an seinem eigenen Sohne Karlmann, der ein ausschweifendes Leben führte, diese Grausamkeit verüben. Dieser Karlmann erhielt nachher zur Entschädigung die Abtei Epternach, woraus er die damaligen Mönche verjagte, und andere Weltgeistlichen von einer freiern Lebensart an ihre Stelle setzte. Eben so unmenschlich ward der königliche Prinz Hugo seiner Augen beraubet, und in das Kloster zu Prüm gesteckt.

Zu dieser Zeit litt das Trierische sehr vieles durch
die

die Normänner. Dieses Volk lebte noch faſt ganz im Stande der Wildheit, kam aus den kältern mitternächtlichen Gegenden von Europa auf Schiffen, beſuchte von Zeit zu Zeit die fruchtbareren Küſten von Frankreich und Deutſchland, ſtieg ans Land, um zu plündern und zu rauben, und gieng dann mit ſchwerer Beute beladen wieder nach Haus.

Im J. 882 brachen ſie am h. drei Königstage durch den Kohlenwald, überfielen das Kloſter Prüm, verheerten es, und ſtießen alles nieder, was ſich ihnen in den Weg ſetzte. Am meiſten waren die Geiſtlichen und Klöſter ihrer Wuth ausgeſetzt Am grünen Donnerstage deſſelbigen Jahres erſchienen ſie zu Trier. Damals gieng es dieſer Stadt ſehr hart auf: die Gotteshäuſer wurden eingeäſchert, die Prieſter gemordet, die Kirchenſchätze geraubt, und jede nur erſinnliche Gräulthat verübet, wozu ein wildes raubgieriges Volk, das ſo wenig Menſchlichkeit beſitzet, nur fähig iſt.

Bei Gelegenheit dieſes feindlichen Ueberfalles wurde manches aus dem Wege geſchaffet, und unter die Erde vergraben, was entweder nie mehr, oder doch ſpäter, ans Tageslicht gekommen iſt: ſo entdeckte man auch erſt im eilften Jahrhunderte die bleierne Tafel, welche zur Zeit der Normänner in der Gruft des h. Paulinus verſcharret wurde, und worauf man die Namen und die Lage der heiligen Martyrer, welche an dieſem Orte begraben liegen, auf-

aufgezeichnet fand. —— Von Trier zogen die Normänner nach Metz: hier stellte sich ihnen der Bischof Walo entgegen, der ihnen aber nicht vielen Widerstand thun konnte, und auf einer Streiferei bei Remich fiel.

In Andernach versammelte sich zwar gegen diese allgemeinen Feinde des Landes ein furchtbares Heer, und man verursachte ihnen auch in den Niederlanden einen beträchtlichen Verlust; doch ließ man diese in der größten Eile zusammen gebrachte Macht bald wieder zu Koblenz auseinander gehen, weil man mit den Normännern Freundschaft und Frieden geschlossen hatte.

Dieser Friede mit den Normännern war aber nicht von langer Dauer: sie fiengen ihre Besuche aufs neue wieder an, plünderten, und raubten nach wie zuvor. Einmal fiel in einem Kampfe gegen sie der Bischof von Mainz: ein andermal dehnten sie sich wieder bis nach Prüm aus, wo sie alles einäscherten, große Beute machten, und die zurückgebliebenen Mönche und Klosterknechte mordeten. Das Kloster verehret noch heut zu Tage diese unglücklichen Gefallenen, und zählet sie unter die Zahl seiner heiligen Martyrer.

Im J. 883 ward Ratbodus zum trierischen Bischofe gewählet. In einer Kirchenversammlung, die er mit seiner Geistlichkeit hielt, machte er einige
schönen

schönen Verfügungen: so eiferte er gegen die einge=
rissene Gewohnheit mehrere Kirchenämter zu gleicher
Zeit zu besitzen, und sich auf diese Art zu bereichern:
er befahl seinen Geistlichen, die Waffen niederzule=
gen, und untersagte ihnen den vertraulichen Um=
gang mit den Juden. — Unter ihm schickte auch
der Papst Stephanus die Verfügung nach
Deutschland, worinn er sich der gewöhnlichen Was=
ser= und Feuerprobe mit so vielem Eifer wider=
setzte. Die Deutschen hatten nämlich eine besonde=
re Art, wodurch sie oft das Recht oder Unrecht
erfahren wollten: da mußte dann derjenige, wel=
cher seine Unschuld beweisen wollte, seine Hand in
siedendes Wasser stecken, und sie wieder unbeschä=
digt herausziehen, oder auf blosen Händen glühen=
des Eisen tragen, ohne sich zu verletzen. Auch hat=
te man noch unter andern die Gewohnheit, den
Angeklagten, von dessen Schuld oder Unschuld man
sich nicht anders überzeugen konnte, ins Wasser
zu werfen, um zu sehen, ob er untersinken oder
schwimmen würde, und sich so dann von der Wahr=
heit oder Unwahrheit des Verbrechens zu überzeu=
gen. Diese Proben nannte man Gottesgerich=
te; weil man den Himmel zwingen wollte, durch
ein Wunder die Unschuld an den Tag zu legen, und
den Lasterhaften zu richten. — So hat jedes Zeit=
alter sein Gutes und sein Böses, seine Tugenden,
und seine Thorheiten: und wer wollte über diese
lachen? Haben wir vielleicht nicht auch noch des Un=
sinnes genug, worüber die Nachwelt einst sich lustig
machen könnte!

Unter dem Bischofe Ratbodus lebte auch der weltberühmte Regino: er war Vorsteher des Klosters Prüm; weil er aber von seinen zügellosen Mönchen, die er zur Ordnung bringen wollte, gehaßt und verfolget wurde, so verließ er bald diesen Ort, kam nach Trier, und schrieb allda sein schönes Buch von der Kirchenzucht. — In diesen Zeiten fällt auch die fabelhafte Erzählung von einem gewissen fränkischen Edelmanne Nittardus: dieser wollte es dem Himmel anheim stellen, zu bestimmen, wer nach seinem Tode der Erbe seiner Güter seyn sollte. Dies machte er dann so: er verfertigte sein Testament, befestigte es an einen Pfeil, den er darauf vom Bogen abdrückte. Der losgeschossene Pfeil strich nun durch eine ungeheure Strecke von vielen Meilen bis nach Prüm, und fiel durchs Kirchenfenster auf den Altar, wo die Mönche eben Messe hielten. Auf diese Art sollte nun das Kloster Prüm der Erbe des Edelmannes geworden seyn. Man will noch heut zu Tage diesen wunderbaren Pfeil vorzeigen; doch glaubet kein vernünftiger Mensch an diese Mähre.

Der lotharingische König Zuentipold ertheilte damals der trierischen Kirche mehrere Rechten und Freiheiten; doch schien er den geistlichen Herrn noch zu hart und ungerecht, weil er ihnen nicht alles nach Wunsch that. Damals waren nämlich mehrere Kirchengüter, unter andern die Abteien Maximin und Epternach, und das Frauenkloster Irminen,

in

in weltlichen Händen: Zuentipold wollte oder konnte dies nicht verhindern. Da ihm nun einmal Ratbodus dies mit harten Worten verwies, so wurde er darüber so aufgebracht, daß er in der Hitze seiner vergaß, und nach dem Erzbischofe schlug. Dies und noch manches andere trug vieles dazu bei, daß der unglückliche König von seinen Unterthanen gehaßt, und zuletzt schändlich gemordet wurde.

Unter dem Könige **Ludwig**, welcher auf ihn folgte, war Ratbodus glücklicher: da bekam er wieder die Bestättigung mehrerer alten Vorrechten, der gewöhnlichen Gefällen, Steuern, Zinsen und sonstigen Abgaben in und ausser der Stadt, welche vordem den Grafen entrichtet wurden, nun aber dem Bischofe anheim fielen. Unsere Erzbischöfe erhielten auch am kaiserlichen Hofe eine neue Würde: wenn sich der Kaiser nämlich in Lotharingen aufhielt, so mußte der Bischof von Trier ihm dahin folgen, die kaiserlichen Befehle ausfertigen und untersiegeln, und sonst noch in den wichtigsten Angelegenheiten ihm mit Rath und That an die Hand gehen; deswegen wurden sie dann von dieser Zeit an **Erzkanzler durch Gallien und das Reich Arelat** genennet.

Noch ist unter diesem Erzbischofe merkwürdig, daß die trierische Kirche ihre vorige Freiheit wieder erhielt, sich ihren Bischof selbst zu wählen, und keinen mehr durch Könige oder Grosen sich aufdringen zu lassen. —— Die Stiftung der Kirche zu Limburg, welche durch den Grafen Konrad geschah, fält auch in diese Zeiten.

Im J. 915 stirbt Ratbodus: auf ihn folgt Rutgerus. Unter diesem haußte im Trierischen der so berüchtigte Giselbert, Herzog von Lotharingen, welcher die Abtei Maximin hart mitnahm, und die Geistlichkeit ausserordentlich plagte. — Recht sittenloß und ärgerlich muß damals die Lebensart der meisten Geistlichen gewesen seyn; denn es wurde unter dem Bischofe Rutgerus zu Koblenz eine zahlreiche Versammlung von deutschen und französischen Bischöfen gehalten, wo man dem immer mehr und mehr einreißenden Uebel Widerstand thun wollte; aber wenig ausrichtete.

Im J. 930 folgte Rotbertus. Damals erholte sich in etwas das Kloster Maximin, erhielt in der Person des Ogo nach langer Zeit wieder einen neuen Prälaten, der die Ruhestöhrer verjagte, und die klösterliche Zucht wieder einführte. Das Kloster wurde in der Folge durch den Kaiser Otto I besonders begünstiget. Er machte den Abt desselben sogar zum Erzkaplan der Kaiserinn. Durch diese Würde erhielt nun der zeitliche Prälat dieser Abtei das Vorrecht, der Seelenrath der Kaiserinn zu seyn, an ihrem Hofe die geistlichen Verrichtungen auszuüben, und den prachtvollen Gelagen und Gastmählern an ihrer Seite beizuwohnen: sein Ansehen

sehen stieg dadurch auf eine ausserordentliche Art. — Im Jahr 934 wurde das Kloster von einem Sturmwinde niedergerissen, nachher aber prachtvoller wieder aufgebauet.

Der Erzbischof Rotbertus kam nachher in den Verdacht, an einer Verschwörung, welche gegen die Person des Kaisers angezettelt wurde, Antheil genommen zu haben; er mußte sich daher vor dem Kaiser stellen, und seine Unschuld erweisen. Nachdem er einige Kirchenversammlungen in Betreff der streitigen Wahl des Bischofs von Rheims gehalten hatte, starb er im J. 956 zu Köln, wo ihn die Pest tödete.

Der Bischof Heinrich, welcher auf ihn folgte, machte sich um die trierische Kirche sehr verdient: er war ein Schüler und Freund des h. Wolfgang, der sich mehrere Jahre in Trier aufhielt, eine Schule daselbst bei der Domkirche errichtete, und sich mit vielem Eifer dem Unterrichte der Jugend widmete. Bei jeder Stiftskirche pflegte man nun Schulen anzulegen, und einen Lehrer zu bestellen, den man Scholaster oder Schulmeister nannte: diese Benennung, und die Einkünften, welche damit verbunden sind, dauern noch heut zu Tage fort, obschon die Schulen schon lange in Vergessenheit gerathen sind. — Wolfgang war auch ein besonderer Eiferer für das gemeinschaftliche Leben der Geistlichen, und konnte es nur mit vieler Mühe dahin brin-

bringen, daß die trierischen Domherrn bei seinen Lebzeiten noch zusammen blieben.

Wegen den ewigen Einfällen der feindlichen Völkerschaften, besonders aber der Hunnen oder Hungaren, welche damals unser Land hart mitnahmen, und wegen den immerwährenden Unruhen und Kriegen im Lande selbst war es nothwendig, daß man auf seine Sicherheit dachte, und sich auf jede Art zu befestigen suchte: so mehrten sich dann die festen Burgschlösser, aber auch zu gleicher Zeit die Räubereien und Gefahren des Landes. Bei dieser Gelegenheit erhielt der Graf Sigfried von den Klosterherrn zu Maximin durch einen Tausch das Schloß Luxemburg, welches nachher den Herzogen dieses Namens zu einer furchtbaren Festung diente. Vermuthlich war es auch in diesen Zeiten, wo man zu seiner Sicherheit um Städte und Klöster Gräben zog, wovon noch heut zu Tage mehrere Spuren vorhanden sind. — Heinrich starb in Italien an der Pest.

Im J. 965 kam Theoderich auf den Bischofsstuhl zu Trier. Er wurde sehr begünstiget vom päpstlichen Hofe, der sich schon seit langer Zeit in Sachen mischte, die ihn nichts angiengen, und mit Ehrentiteln, welche ihn nichts kosteten, sehr freigebig war. Der Papst Johannes ernannte ihn zum ersten Bischofe in Deutschland und Frankreich: Benedikt machte ihn zu seinem Gesandten,

und

und ertheilte ihm die Erlaubniß in einem besondern
erzbischöflichen Schmucke und Aufzuge mit
Vortragung eines Kreuzes durch sein Erzstift
reiten zu dürfen. — Häufig vermehrten sich in die=
ser Zeit die Wallfahrten zu entfernten heiligen
Oertern: selbst Bischöfe verliesen oft Jahre lang
ihre Heerde, um eine beschwerliche Reise zu dem
Grabe eines Apostels, oder nach Jerusalem
zu unternehmen. Zu Rom hielten sich auch unsere
Bischöfe Andachts halber gerne auf; weswegen
dann der Papst dem Theoderich ein besonderes Ge=
bäude einräumte, wo er und seine Nachfolger bei
ihren Wallfahrten künftighin Obdach finden könnten.

Kaiser Otto II ertheilte dem Theoderich das
Recht in den Waldungen jagen zu dürfen, und
schenkte ihm auf allen Flüssen und Bächen des Lan=
des den Fischfang; doch behielt er sich noch das Zoll=
recht auf denselben aus. — Damals war es nichts
Seltenes, daß die Kaiser eben so freigebig gegen die
Klöster waren: sie schenkten ihnen oft ganze Streck=
en von Waldungen, und zwar aus der Ursache, da=
mit, wie sie vorgaben, die Mönche auf die Thier=
häute schreiben, oder ihre Bücher damit binden,
und mit dem erlegten Wildprette ihre kranken Brü=
der laben könnten; denn sonst war ihnen der Genuß
des Fleisches untersaget. — Theoderich reformirte
die Klöster seines Landes, verjagte die zuchtlosen
Canonici, und setzte wieder die Mönche ein. Er konn=
te es aber nicht verhindern, daß die Domherrn, die
ih=

ihres gemeinschaftlichen Lebens überdrüßig waren, sich trennten: ihrem Beispiele folgten nachher auch die übrigen Stifter des Erzbischthums.

Im J. 975 folgte Egbert auf den Theoderich. Die Geschichte rühmet seinen schönen hohen Körperbau und seine angenehme Gesichtsbildung, wodurch er einen jeden für sich einnahm. Von ihm ist nichts Sonderbares merkwürdig, als daß er eine ausserordentliche Sorgfalt auf die heiligen Reliquien verwendete, beim neuen Klosterbaue von Matheis die Gebeine des h. Celsus entdeckte, und mit vieler Feierlichkeit erheben ließ, und dann noch, daß er bei einer grosen Trockenheit in der dritten Woche nach Ostern die Processionen am Bannfreitage angestellet, und den Stab des h. Petrus in denselben mit herumzutragen, befohlen hat.

Merkwürdiger als alles dieses ist für uns Trierer der gelehrte Gerbert, welcher in diese Zeiten fällt, und in unserm Lande mehrere Freunde und Bekannten hatte. Er war zuerst Mönch, darauf ward er Bischof zu Rheims, kam nach Italien, wo er sich so viele Verdiensten sammelte, daß er zuletzt unter dem Namen Silvester II mit der dreifachen päpstlichen Krone beehret ward. Er war in jeder Art von Wissenschaften und Künsten vorzüglich bewandert, und schämte sich auch als Papst nicht,

nicht, mit seinen Freunden im Kloster Metlach selten gelehrten Briefwechsel zu unterhalten.

Ludolf, welcher im J. 994 Bischof ward, war allgemein geliebt und geschätzt. Viele Plage machte ihm seine Geistlichkeit, welche er vergebens zu einer gemeinschaftlichen Lebensart zurückbringen wollte. Recht furchtbar machte sich damals im ganzen Lande Adalbero: er war Propst zu Paulin und der Bruder der Kaiserinn, welches ihn dann so übermüthig machte, daß er mehrere Kirchengüter an sich riß, und die Geistlichkeit hart drückte. Sobald Ludolf todt war, so gieng sein einziges Bestreben dahin, selbst Bischof zu werden: kaum hört er aber, daß Megingaudus ihm vorgezogen ward, als er auch schon zu den Waffen greifet, auf den neuen Bischof losgehet, und ihn in seinem eigenen Pallaste einschließet: der Kaiser legte sich nachher ins Spiel, und steuerte in etwas dem Unfuge. Als Megingaudus starb, so kam im J. 1016 Popo an seine Stelle.

Das erste Geschäft des Popo war, nach Rom zu reisen, um das gewöhnliche Ehrenzeichen, den erzbischöflichen Mantel, oder das Pallium, vom Papste einzulösen; denn es war nun einmal so eingeführet, daß kein Erzbischof seine geistlichen Verrichtungen anfangen durfte, ohne das Pallium von Rom aus erhalten zu haben, welches das Land dann immer eine beträchtliche Summe kostete.

Bei

Bei seiner Rückkunft von Rom fand Popo alles in der größten Verwirrung: Adalbero trieb wieder in seiner Abwesenheit sein verderbliches Spiel, nahm die meisten festen Plätze hinweg, und bemeisterte sich fast des ganzen Landes. Mit Mühe konnte sich Popo wieder einen ruhigen Besitz verschaffen, und oft mußte er zur List seine Zuflucht nehmen, wo offene Gewalt nicht hinreichte. So bleibt es immer ein sonderbares Kriegsstückchen, womit Siko, ein Soldat des Erzbischofs, seinen Feinden die Kreutzburg entriß. Dieser Ritter kömmt nämlich an einem recht heißen Tage vor die Thoren der Burg, klopft an, klagt seinen brennenden Durst, und erbittet sich aus alter Bekanntschaft einen Trunk. Man war so gefällig in der Burg, ihm einen Becher Wein reichen zu lassen. Beim Abgehen verspricht der Ritter, sich dankbar zu beweisen, und den Labetrunk hundertfach zu vergelten. Er hielt auch wirklich Wort; denn kurz darauf erschien er mit einem Gefolge von sechzig Mann, welche alle mit schweren Weinschläuchen beladen waren, wieder vor dem Burgschlosse. Mit Freuden öffnete man ihnen die Thoren, denn man hoffte alles Gute. Kaum waren sie aber eingelassen, und die Schlduche niedergesetzt, als auch schon mehrere bewaffneten Soldaten, welche in den Schlduchen steckten, hervorsprangen, sich über die Besatzung hermachten, und dem Feinde die Burg entrissen.— Wie schön dieses Stückchen auch ausgedacht war, so machte es dem Siko doch wenig Ehre,

Mit vieler Mühe stellte Popo die Ruhe seines Landes wieder her, befreite die Kirchen und Klöster von ihrem vorigen Drucke, und führte Zucht und Ordnung in dieselben ein. —— Um diese Zeit stiftete Urold, Abt zu Prüm, an sein Kloster eine neue Kirche, welche er reichlich beschenkte, und mit Chorherrn besetzte: sie besteht noch heut zu Tage. —— Popo war bei dem Kaiser wohl gelitten, führte selbst einmal in einem Feldzuge seinen Vortrapp an, und erhielt von ihm den Künigshof Koblenz, der sich nach und nach zu einer ansehnlichen Stadt bildete. Mit Bruno, seinem untergebenen Bischofe von Tull, hatte er auch einige kleinen Strittigkeiten wegen dem Eide, den er bei seiner Einweihung von ihm foderte. Er verlangte nämlich von ihm, als seinem Unterbischofe, das er ihm auch in weltlichen Sachen unterwürfig seyn sollte; welches Bruno aber, als eine neue Foderung, nicht zugeben wollte: auf dem Reichstage zu Worms wurde nachher die Sache auch umgeändert und gemildert.

Zu dieser Zeit kam auch Simeon, ein Einsiedler vom Berge Sinai, aus dem Morgenlande nach Trier. Popo hatte einmal bei sich beschlossen, eine Wallfahrt nach Jerusalem zu thun, um, wie die Geschichte vorgiebt, manche Sünde mit dem Himmel abzumachen: er nahm daher den h. Simeon, welcher der Wege kundig war, zu seinem Reisegefährten mit. Bei seiner Rückkunft verkroch sich der fromme Eremit in einen finstern Winkel des schwar-

zen

zen Thores der Stadt Trier, kämpfte noch mehrere Jahre mit vermeintlichen Teufelsversuchungen, und starb zuletzt im Rufe der Heiligkeit. Der Papst Benedikt versetzte ihn nachher auf das Verlangen des Popo unter die Zahl der Heiligen. Der Erzbischof verwandelte den gewöhnlichen Wohnort des Heiligen in eine Kirche, und machte reichliche Stiftungen für die Chorherrn, welche er dahin setzte.

Bei der angefangenen Verbesserung der Klöster verjagte Popo die Nonnen zu Pfalzel, und setzte Canonici an ihre Stelle. Die Veranlassung dazu, wenn sie wahr ist, lautet sonderbar: Eine Nonne, welche ein Kleidungsstück zum Kirchendienste des Erzbischofes zu verfertigen hatte, war so lüstern, daß sie es auf eine recht unmerkliche Art mit einer gewissen Salbe, welche den Erzbischof zu einer ungewöhnlichen Liebe reitzen sollte, überzog. Popo fühlet eine ausserordentliche Wohllust, argwohnet Manches, kömt zuletzt hinter die Sache, und bestrafet die Verwegenheit der Nonne sehr hart. — Ein andrer Popo, Abt zu Maximin, war bemühet die klösterliche Regel wieder einzuführen; doch wollten die Mönche so wenig davon hören, daß sie mit Gift dem würdigen Prälaten nach dem Leben gestrebt haben sollen.

Da der Erzbischof seine Wallfahrt nach Jerusalem antrat, bestellte er den Bischof von Metz, um

in

in seiner Abwesenheit über die trierische Heerde zu wachen. Diesen machte seine sonderbare Verehrung gegen den Nagel Christi bald zum Diebe; er hatte ihn nämlich einmal bei einer großen Feierlichkeit auf eine recht geschickte Art, ohne bemerket zu werden, in seinen Ermel gesteckt, und einen andern, ganz ähnlichen, an seine Stelle gesetzet. Da nun der Arm, welcher vermuthlich durch den h. Nagel verletzet ward, zu bluten aufieng, so ward der Thäter bald entdecket. Um seine große Verehrung zu dieser h. Reliquie zu befriedigen, schlug man die Spitze davon ab, und gab sie dem frommen Bischofe mit.

Im J. 1047 starb Popo im hohen Alter an dem Sonnenstiche, da er an einem sehr heißen Tage den Arbeitern an der Domkirche, welche unter ihm ausgebessert und verschönert wurde, zusah. Seine Leiche ward in die Stiftskirche des h. Simeon, welche ihm ihre erste Einrichtung zu verdanken hat, niedergeleget. — Er war ein eifriger und wohlthätiger Bischof: bei einer großen Hungersnoth im Lande stieß er eines Tages mit seinem Gefolge zu Pferde auf einen Haufen hungriger Dürftigen, welche um Brod schrien: der Erzbischof reichte ihnen all sein Geld, was er bei sich hatte; doch damit war es den Unglücklichen nicht gedienet: sie verlangten die Pferde, um ihren Hunger zu stillen. Was thut nun Popo? Er und seine Begleiter steigen ab, gewähren den Armen ihre Bitte, und gehen ohne Pferde zur Stadt zurück. — Ihm hat auch Trier den steinernen Kanal zu

ver-

verdanken, durch welchen der Bach aus der Olewig geführet ward, und wodurch der Stadt ein großer Vortheil bei Feuersbrünsten verschaffet, und die Sauberkeit der Straßen ungemein befördert worden ist.

Auf ihn folgte der Bischof Eberhard: dieser hatte das besondere Vergnügen, seinen Freund und Unterbischof, Bruno von Tull, zur Papstwürde unter dem Namen Leo IX erhoben zu sehen. Im J. 1049. reiste Leo durch Trier: bei welcher Gelegenheit dann Eberhard, um den h. Vater recht anständig zu empfangen, die Brücke auf dem Wege nach Matheis, welche daher noch heutiges Tages Löwenbrücke heißt, erbauen ließ.

Bei seinem Aufenthalte in Rom erfuhr Eberhard gelegenheitlich, daß der Leichnam des h. Mathias von der Kaiserinn Helena nach Trier gebracht seyn, und an der Seite unserer drei ersten Bischöfe ruhen sollte. — Zu dieser Zeit machte man sich ein besonderes Geschäft daraus, nach alten Gräbern bekanter und unbekanter Heiligen zu forschen, und es war nichts ungewöhnliches, daß man öfters einen einträglichen Handel mit heiligen Reliquien trieb: so schenkte der Kaiser den Klosterherrn von Matheis dafür, daß er von ihnen die Gebeine des h. Valerius erhielt, beträchtliche Besitzungen in Wilmar. — Eberhard kam kaum nach Trier zurück, als er auch schon nach dem Grabe des h. A=

postels

postels forschen ließ: man will ihn damals wirklich gefunden haben, streuete mehrere Wundergeschichten aus, welche sich an seiner Gruft sollten ereignet haben, machte Wallfahrten zu ihm, und fing an, ihn als den Patron des Landes zu verehren. Jährlich sehen wir noch eine große Anzahl frommer Pilgrime in unsern Mauern, welche der Ruf der Heiligkeit unsers Bodens herbeilocket.

Bei einer Kirchenvisitation, welche Eberhard in seinem Erzstifte hielt, hatte er das Unglück, in die Hände des Grafen von Luxemburg zu fallen, und übel behandelt zu werden. Der Graf ward aber bald durch viele Drohungen dahin gebracht, daß er den Erzbischof losließ, und, um diese Sünde gegen ihn abzubüßen, eine Reise zum h. Grabe nach Jerusalem unternahm. — Da Eberhard im J. 1066 die gewöhnlichen Kirchenceremonien am Ostervorabende verrichtete, sank er plötzlich todt in die Armen seiner Diener hin. Man beschuldigte nachher die Juden, gegen welche er ausserordentlich hart war, daß sie seinen Tod verursachet hätten.

Nach ihm wollte der Erzbischof von Köln den Trierern einen gewissen Cuno aufbringen. Dieß reitzte unsere Voreltern, eine Grausamkeit zu begehen, welche ihnen ewige Unehre machen wird. Sie fingen den so eben angekommenen neuen Bischof auf, brachten ihn nach Uerzig an die Mosel, warfen ihn in Ketten, schickten vier Henker ab, welche den

Un=

Unglücklichen von einem Felsen stürzen, und, da der Fall ihn noch nicht tödtete, zuletzt grausam zerfleischen mußten.

Unter dem Bischofe Udo, welcher ihn ersetzte, brach in der deutschen Kirche eine heftige Uneinigkeit aus, welche mehrere Jahre fortdauerte, und die schrecklichsten Folgen hatte. Gregor VII saß damals auf dem römischen Stuhle: im deutschen Reiche herrschte Heinrich IV. Gregor fing an, aus einem andern Tone zu sprechen, als seine Vorgänger es zu thun pflegten. Stolz und übermüthig war sein Betragen gegen die Großen: er behauptete, nur von ihm erhielten die Könige die Gewalt, ihre Kronen zu tragen, bei ihm stünde es, Reiche zu verschenken, und wieder abzunehmen. Er eiferte mit vieler Hitze gegen die eingerissene Gewohnheit, die Kirchengüter zu verkaufen, legte jeden in den Kirchenbann, der auf diese Art ein Kirchenamt annehmen würde, und verordnete, daß der Kaiser nicht mehr, wie gewöhnlich, den neugewählten mit dem Bischofstabe und Ringe einsetzen sollte. Am meisten eiferte er gegen die Priesterehen.

In der ersten Christenheit war das Gesetz der Ehelosigkeit des Priesterstandes noch nicht bekant. Da hatten die Bischöfe und Priester, wie die andern Layen, ihre Weiber: nach und nach wurde dieses Gesetz in der römischen Kirche eingeführt, und verbreitete sich allmählich weiter; doch schien es noch
nicht

nicht so allgemein bei den Deutschen gewesen zu seyn, denn sonst würde es Gregor ihren Geistlichen nicht so streng anbefohlen haben, und diese hatten sich nicht so widersetzet; indem mehrere erklärten, sie wollten lieber ihre Kirchengüter fahren lassen, als daß sie ihre Weiber einbüßten; andere aber dem Papste geradezu schrieben, daß er Engel vom Himmel nach Deutschland schicken müßte, denen er die Kirchenämter anvertrauete; denn ihnen, als gebrechlichen Menschen, wäre es einmal zu schwer, dies harte Gesetz zu halten.

Am härtesten verfuhr Gregor mit dem Kaiser, der wegen seiner schlechten Erziehung und den üblen Rathgebern, welche er um sich hatte, manchen Fehler beging, aber doch niemal die niederträchtige Behandlung verdiente, welche ihn der Papst empfinden ließ. Er legte ihn in den Kirchenbann, sprach seine Unterthanen von der Pflicht los, ihm ferner zu gehorchen, und verfuhr zuletzt so grausam gegen diesen Unglücklichen, daß er ihn in einem wollenen Büßerhembde, mit bloßen Füßen und unter freiem Himmel drei ganze Tage warten ließ, ehe er ihm die Absolution ertheilte. — Der gute Kaiser, dem seine eigenen Söhne sogar das Leben sehr bitter machten, wurde am Ende dahin gebracht, daß er von Haus und Hof entfliehen, und von der Wohlthätigkeit milder Menschen Almosen erbetteln mußte; in seinem Tode fand er nicht einmal eine ruhige Begräbnißstätte, wohin er seine müde Knochen legen konnte.

In dieser mißlichen Lage wollte nun unser Bischof Abo nichts gegen den römischen Hof verstoßen: ohne die Feindseligkeiten zu unterhalten, schien er vielmehr bemühet zu seyn, beide Theile auszugleichen. Nicht aber so Egelbert, der auf ihn folgte: dieser war mit Leib und Leben dem Kaiser, welchem er seine Erhebung zu verdanken hatte, zugethan. Hierinn liegt nun auch der Grund, daß es noch einige Jahre zuging, ehe er von seinem Unterbischofe zu Verdun consecrirt werden, und das Pallium von Rom aus erhalten konnte. Egelbert eiferte sehr gegen die neuen Verfügungen des römischen Hofes, stimmte in die Absetzung des Papstes mit ein, und ließ sich durch nichts bewegen, dem verfolgten Kaiser untreu zu werden. — Auch seine Feinde mußten das an ihm loben, daß er übrigens wohlthätig, gerecht und leutselig gegen einen jeden war.

Zu dieser Zeit nahmen auch die Kreutzzüge, welche dem Reiche einen so harten Stoß versetzten, ihren Anfang. Deutsche und Franzosen zogen mit Tausenden aus, um das Grab Jesu zu erobern, den ungläubigen Sarazenen, welche in dem Besitze desselben waren, die Hälse zu brechen, die armen Juden zu plagen, und noch andere Bubenstücke zu verüben. Die geistlichen Herrn sahen dies gerne; denn sie blieben zu Hause, und sammelten sich manche Schätze. In diesem Jahrhunderte war auch der allgemeine Glauben unter dem gemeinen Manne eingerissen, als seye das Ende der Welt da: was sollte

man

man da mit dem Golde machen? man beschenkte daher die Kirchen reichlich, um sich größere Schätze im Himmel zu erlegen.

Bei der ersten Unternehmung ins gelobte Land befanden sich unter dem Heere auch mehrere aus dem Trierischen, welche bei verschiedenen Gelegenheiten sich tapfer auszeichneten. So hätten die Sarazenen den Kreuzfahrern die Stadt Antiochien bald wieder entrissen; indem sie schon einen Theil der Mauern erstiegen hatten: wenn nicht Heinrich von Eseh mit seinen Trierern einen glücklichen Ausfall gethan, und die Feinde mit vielem Verluste zurückgedränget hätte.

In diesem Feldzuge stieg der Haß gegen die Juden auf eine ausserordentliche Art: selbst in unserm Lande brach eine heftige Verfolgung gegen diese Unglücklichen aus. Man sah sie als die geschworensten Feinde Jesu an, predigte ihnen mit Feuer und Schwerd das Evangelium, und brachte sie zur äußersten Verzweiflung. Man sah in Trier Mütter ihren eigenen Kindern das Messer in die Brust stossen, um sie so der Christenwuth zu entziehen. Mädchen und Weiber stürzten sich schaarenweise von der trierischen Moselbrücke in das Wasser: und um ja den gewissen Tod in den Fluthen zu finden, so beladeten sie die Säcke und den Schooß mit schweren Steinen. Es schienen sich zwar einige unter ihnen zu bekehren, und ließen sich taufen; aber ist das wohl

wohl eine Bekehrung, wie ſie Jeſus haben will? — Daß doch der Menſch gegen den Menſchen ſo grauſam ſeyn muß!

Im J. 1101 kam Bruno zur trieriſchen Biſchofswürde: ſein erſtes Geſchäft war, daß er ſich vor dem Papſte ſtellen mußte; weil er mit Ring und Stab ſich von weltlicher Obrigkeit hatte einſetzen laſſen. Der h. Vater legte ihm eine dreijährige Kirchenbuße auf, und nahm ſeinen Fluch von ihm hinweg. Bruno war ein guter Biſchof und großer Staatsmann, der in dieſen unruhigen Umſtänden einige Zeit ſelbſt die Reichsverwaltung übernehmen mußte. Er machte mehrere Züge nach Italien, und zeichnete ſich öfters als einen erfahrnen Kriegsmann aus: einmal ward er ſelbſt gefangen, und ein andermal hielt er bei einem Aufſtande in Rom gegen den Papſt Gelaſius ſieben Thoren der Stadt beſetzt. — Er war bei ſeiner Geiſtlichkeit wenig beliebt; denn er verwendete mehrere Kirchengüter zu bringen den Staatsbedürfniſſen, und beſchnitt die fetten Einkünften der Religionsdiener. Er bauete die Florinskirche zu Koblenz wieder ſchöner auf, errichtete an derſelben ein Hospital, vergröſerte zur Abendsſeite den Dom, und fing an, das Kloſter zu Matheis, welches in ſeinem Schutte lag, von Grund aus wieder aufzuführen; worüber ihn aber der Tod überraſchte.

Unter ihm fält auch der Ursprung des adlichen Klosters zu Springiersbach. — Wie die neuen Ordensstifter sich zu dieser Zeit vermehrten, so wurden auch in unserm Lande die Klöster immer zahlreicher; so entstanden nun Marienberg, Orwall, Münster in Luxemburg, Marienroth, Rommersdorf, Himmeroth, Wadgassen, Schönau und Laach. Letzteres Kloster liegt an einem breiten, angenehmen See, welcher viele wunderbaren Merkwürdigkeiten enthält, und rundum mit einem ansehnlichen Bergkessel eingeschlossen ist.

Um diese Zeit kam auch endlich der Vergleich zwischen dem Papste und dem Kaiser zu Stande, nach welchem die Bischöfe wie vordem von dem Volke und der Geistlichkeit gewählet werden, von dem Papste aber ihre Bestättigung holen, und dann erst die Einsetzung in ihre bischöflichen Güter vom Kaiser durch den Zepter empfangen sollten. — Noch ist unter Bruno zu merken, daß ein gewisser Geistlicher aus dem Luxemburger Lande in Trier hingerichtet wurde, weil er von dem katholischen Lehrsatz des Altarsfakramentes abwich. — In seinen alten Tagen ward der Erzbischof Bruno ausserordentlich andächtig, besuchte stark die Kirchen und Gräber der Heiligen, brachte öfters ganze Nächte schlaflos auf seinen Knien zu, und starb endlich im J. 1124, nachdem er bis auf seine letzten Tage gegen den un-

ruh=

ruhigen Grafen von Luxemburg sowohl das Schwerd, als die geistlichen Waffen öfters gebrauchen muste.

Auf ihn folgte Godefrid, der aber nicht lange auf dem Bischofsstuhle saß: das zügellose Leben der Geistlichen, welche so schwer zur Ordnung zurück zu bringen waren, die ewigen Unruhen im Reiche und sein hohes Alter bewogen ihn endlich im J. 1127 dem Meginerus die Regierung zu überlassen. Dieser ladet sich sogleich bei seinem Antritte den Haß der Geistlichen auf, weil er mit ihrer Verbesserung anfangen wollte. Auf einer Reise nach Italien wurde er vom Kaiser, den er beleidiget hatte, aufgefangen, und zu Parma in den Kerker geworfen, wo er durch Kummer und Blindheit abgehärmt elend starb.

Im J. 1131 kam Albero an die Regierung: seine erste Arbeit war, Ludwig, den Vogt oder Verwalter der erzbischöflichen Güter, zu demüthigen. Dieser Ludwig war unter den zwei letzten Erzbischöfen so übermüthig geworden, daß er in allem ganz eigenmächtig verfuhr: er schickte den Godefrid Messe lesen, Geistliche und Kirchen weihen, hielt ihn sonst eingesperret, und gab ihm zu jedem Mittagsmahle eine Kanne Wein und zwo Kannen Bier; indessen er mit seinen Gesellen prächtige Tafel hielt, und wie ein Fürst lebte. — Sobald aber Albero, der mit vielem Nachdrucke seine erzbischöflichen Rechten zurückfoderte, an die Regierung kam, so kroch er er zum Kreutze, und fügte sich in allem nach dem Willen seines Herrn.

Eben so großen Kummer machte dem Albero sein anderer Vogt, der Pfalzgraf Hermann, gegen welchen er sogar mit den Waffen ausziehen mußte. Vor der Burge Treiß, welche er mit seinen Leuten erstürmen wollte, erschien er mit dem Kreuze in der Hand, worauf ihm einst sein Vogt Treue und Ergebenheit geschworen hatte, und munterte so seine Soldaten zum Gefechte auf. Da dies der Pfalzgraf sah, so stand er ab, und räumte seinem Herrn die Burg ein.

Vieles machte dem Albero die Abtei Maximin zu schaffen: diese hielt fest auf den päbstlichen Bullen, und ihren geschenkten Vorrechten, sträubte sich gegen die kaiserlichen Befehle, und wollte sich ihrem Bischofe im mindesten nicht unterwerfen; so, daß Albero mehrere der unruhigen Köpfe verjagen mußte, und nur mit vieler Mühe die Ruhe wieder herstellen konnte. Von wichtigern Folgen hätte die Strittigkeit seyn können, welche er mit den Koblenzern hatte. Die Geistlichkeit von Florin wählte sich daselbst, ohne den Erzbischof anzufragen, einen neuen Propst, und holte die Bestättigung desselben von Rom. Darüber ergrimmte Albero so sehr, daß er die päpstliche Bulle in Stücke zerriß, und sie unter die Füße trat. Er wurde darauf nach Rom berufen, wo die Sache aber in der Güte beigeleget ward.

Am furchtbarsten war damals dem trierischen Lande Graf Heinrich von Luxemburg: er stand auf der Seite der aufrührischen Mönchen, und nahm sich des Klosters als Vogt gegen die Anmaßungen des Erzbischofes an. Mit Feuer und Schwerd brach er ins Trierische ein, und setzte unserer Hauptstadt, welche ohne Wehre und Mauern war, hart zu. Albero war gegen ihn glücklich, und brachte ihn zur Ruhe.

Unter ihm war Papst Eugen zu Trier, und hielt in Beisenn von 23 Cardinälen und mehrerer andern Bischöfen jene in unsern Jahrbüchern so berühmte Kirchenversammlung. — Noch ist in diesen Zeiten die gelehrte Nonne Hildegard merkwürdig: sie wohnte in Bingen, sprach und schrieb lateinisch, hatte mit vielen Gelehrten und sogar mit unserm Erzbischofe ihre Briefwechsel, verwieß der trierischen Geistlichkeit öfters ihre Sittenlosigkeit, ward selbst vom Papste außerordentlich geschätzet, und galt weit und breit als eine große Prophetinn.

Noch fällt in diese Zeiten das Aufkommen der Tempelherrn im Trierischen: sie wohnten anfänglich im Morgenlande, hatten beim Tempel zu Jerusalem ihren Sitz, pflegten und beschützten die Wallfahrer, wurden in der Folge reich und mächtig, und schlichen sich auch nach und nach in Deutschland ein. — Die Nonnenklöster Rosenthal, Stuben, Marienberg, St. Thomas an

F

an der Kyl und Niederprüm haben ebenfals dieſem Zeitalter, das der frommen Stiftungen mehrere hatte, ihren Urſprung zu verdanken.

Nachdem Albero im J. 1152 recht gottſelig die Augen geſchloſſen hatte, kam Hillin zur Regierung. Er war beim Kaiſer Friderich ſehr beliebt, und that in Geſchäften des Hofes manchen Zug nach Italien, wo es damals drunter und drüber ging, wo ein Papſt den andern verdrängte, und recht unchriſtlich verfolgte. — Der Kaiſer verlieh ihm die Beſtätigung ſeiner alten Vorrechten, ſicherte ihm das Kloſter Maximin zu, und ſchenkte ihm die Silbergrube bei Ulmen. — Es war auch ſo einmal herrgebracht, daß der Kaiſer alles Gold und Silber unter der Erde im ganzen Reiche, als ſein Eigenthum betrachtete, und davon nach Gefallen verſchenken konnte, wem und wie er wollte. — Der Silbergruben gab es in unſerm Lande mehrere: die zu Willmar war unter andern einmal ſehr einträglich, und man hat Thaler, welche daraus geprägt ſind: auch in den Erzgruben bei Bernkaſtel iſt Silber vorfindlich. Des geringern Metalles iſt in unſern Gebirgen ſchon mehr anzutreffen. — Es würde vielleicht der Mühe lohnen, etwas mehr Sorgfalt auf den Bergbau zu verwenden, und dem, was unter und auf der Erde iſt, etwas tiefer nachzuforſchen: unſer Boden hat des Merkwürdigen ſo vieles, daß es keine unrühmliche Arbeit ſeyn dürfte, ſich damit zu beſchäftigen. Viel

leicht

leicht würden wir dann etwas mehr von unserm Vaterländchen wissen, und seine Erzeugnisse und Vortheile besser benutzen lernen.

Hillin trug vieles zur Verschönerung und Befestigung des Schlosses Ehrenbreitstein bei, und ließ mit vieler Mühe und großen Kosten den Brunnen graben, der sein Wasser aus dem Rheine schöpfet. — Unter ihm fingen die trierischen Bürger an, sich in Zünften zu bilden, ihre Magistratspersonen zu wählen, und eine gesetzmäßige Verfassung sich zu geben. Diese angemaßten Freiheiten suchte Hillin einzuschränken, und legte den Grund zu den mancherlei Strittigkeiten, welche nachher so vieles Unheil über Trier brachten. — Um diese Zeit war es auch, wo der Pfalzgraf Hermann, Abgt von Trier, vom Kaiser verurtheilt wurde, in Gegenwart mehrerer Großen einen todten Hund zu schleppen, weil er zwischen dem Gottesstillstande, das ist, zu der Zeit, da es den Rittern verboten war, sich unter einander zu überfallen, feindlich auszog. Diese Strafe war die gewöhnliche für die Ruhestöhrer, und mit vieler Schande begleitet.

An diesen Ort gehöret auch nach Einigen die Geschichte von Genovefa, wenn sie wahr ist: andere erzählen sie früher. — Sie war die Gemahlinn des Grafen Siegfried vom Maynfelde, schön und tugendhaft. In der Abwesenheit ihres Mannes, welcher einen heiligen Zug ins gelobte Land machte,

machte, hatte sie einen gefährlichen Nachsteller ihres ehelichen Treue an ihrem Haushofmeister, dem schändlichen Golo; aber sie dachte zu redlich, als daß sie nach seinem Willen gelebt hätte. Der Bösewicht, der sich betrogen sah, sann nun auf Rache, und gab das gute Weib bei der Zurückkunft des Grafen als eine Ehebrecherinn an. Dieser verleihet dem Verläumder Gehör, und ertheilet seinen Knechten den grausamen Befehl, die Unschuldige mit ihrem Kinde im nächsten Walde zu morden. Den Dienern, welche von der Tugend ihrer Gebietherinn und der Bosheit des Golo überzeuget waren, ward es zu schwer den Befehl ihres Herrn in Erfüllung zu bringen, und schenkten der Unglücklichen und ihrem Kinde das Leben. — Eine lange Zeit soll sie nun in der Wildniß zugebracht haben, bis ihr Mann eines Tages auf der Jagd unvermuthet auf sie stieß. Sigfried erkennt sogleich seine Genovefa, bittet ihr das zugefügte Unrecht ab, und nimmt sie wieder zu sich. An dem Orte ihres Aufenthaltes soll nachher zum Andenken dieser Geschichte die Kirche zur h. Mutter Maria errichtet worden seyn. — Nachdem Hillin den Dom zur Morgenseite verschönert, und dem gedrückten Lande recht väterlich vorgestanden hatte, starb er im J. 1169.

Eben so väterlich dachte auch Arnold, der an die Stelle des Hillins gewählet wurde, für sein Bißthum. Ihm machten seine unruhigen Nachbaren vieles zu schaffen; so hatte er mit dem Grafen

von

von Nassau Händel wegen der Silbergrube bei
Embs, und den Herzog von Lotharingen mußte
er mit Gewalt zur Ruhe bringen. Die beraubten
und ausgeplünderten Kirchen fanden an ihm einen
sonderbaren Wohlthäter, und das gedrückte und
verschuldete Land verdankte es seiner Sorgfalt, daß
es sich etwas erholen konnte. Da er bei seinem Tode ein schönes Vermögen hinterließ; so machte sich
der Kaiser Friderich nach der Gewohnheit des
damaligen Zeitalters darüber her, und plünderte den
Todten rein aus. Es hieß daher damals wohl recht
im Sprichworte: Pfaffengut Raffengut!

Nach seinem Tode ereignete sich jene unglückli-
che Trennung in der trierischen Kirche, welche sieben
Jahre dauerte. Rudolf und Folmar, der eine
Propst, der andere Archidiakon in dem Domstifte zu
Trier, stritten um die erledigte Bischofswürde.
Rudolf wurde vom kaiserlichen Hofe, Folmar vom
Papste begünstiget: beide hatten ihre Anhänger im
Lande, welche sich wechselweise verfolgten, Flüche zu-
warfen, und unter einander recht grausam sich die
Hälse brachen. Rudolf, den der Kaiser unterstütz-
te, erhielt meistens die Oberhand, und Folmar, der
von seinen Gegnern verfolgt, flüchtig werden mußte,
begab sich zuletzt unter den Schutz des Königs von
England. — Endlich wurden beide entsetzet, und
so kehrte die Ruhe wieder ins Land zurück.

Johann I, ehedem Kanzler beim Kaiser Heinrich,

rich, wurde darauf einhellig zum Bischofe gewählet: Er gab sich Mühe, die Ruhe im Lande wieder herzustellen, umgab Trier, welches auf mehrern Seiten jedem feindlichen Einbruche offen stand, mit Mauern, deckte sein Gebieth durch viele festen Plätze, und suchte seine Besitzungen ansehnlich zu vermehren. Er verwendete eine grose Sorgfalt darauf, die Kirchen zu verschönern, und den äusserlichen Gottesdienst recht prachtvoll zu machen. — Zu dieser Zeit brachten die Kreutzfahrer mehrere Reliquien und heiligen Ueberbleibsel aus dem gelobten Lande mit sich nach Hause: sie fielen ihnen meistens bei der Plünderung der Sophiens Kirche in Konstantinopel in die Hände, und wurden bei ihrer Zurückkunft als heilige Diebstäle in unsern Gotteshäusern aufgestellet.

Damals ließen sich auch die deutschen Ritter, welche im Morgenlande zur Beschützung der Kreutzfahrer errichtet wurden, in Trier und Koblenz nieder, und erhielten ansehnliche Besitzungen. — Auch die Malthesserritter, oder Johanniter, welche fast denselbigen Ursprung hatten, schlugen sich in Trier auf, und wohnten anfänglich in der Brodgasse, in dem heutigen Johannitspitalgen: nachher, als sie bei Vertreibung der Tempelherrn ihre schönere Wohnung an der Brücke erhielten, überließen sie ihr voriges Haus den Klosterfrauen des strengern Franciskaner Ordens. — Die Stiftungen der beiden Abteien Arenstein und Sayn fallen nicht weit von einander.

In einem Fehdekrieg gegen den Grafen von Blanden ward Johann gefangen, aber bald wieder durch den Pfalzgrafen Heinrich auf freien Fuß gesetzt. Ein anderwal beging derselbige Graf die Verwegenheit, auf den Grund und Boden des Erzbischofes eine Burg zu errichten, um seinen Unfug recht ungestöhrt treiben zu können. Johann, der eben abwesend war, mußte es geschehen lassen; errichtete aber sogleich nicht weit davon, ein anderes eben so stark befestigtes Schloß, um so jeder Gewaltthätigkeit zuvorzukommen, und den unruhigen Grafen immer im Auge zu haben. — Es würde vielleicht viele Mühe und Zeit gekostet haben, dem Feinde die Burg mit Gewalt zu entreißen; Johann gebrauchte daher List, und ließ eines Tages absichtlich einige Weinfuhren die Straße vorbeyziehen. Der Feind hatte sie kaum bemerkt, als er einen Ausfall that, sich über die Wagen hermachte, die Fässer einschlug, und recht weidlich zechte. Da sich nun die berauschten Soldaten auf die Burg zurückzogen, und dem Schlummer überließen; bestürmte der Erzbischof das Schloß, entriß es dem Feinde, und schleifte seine Werke.

Unter diesem Erzbischofe will man auch bei einer vorgenommenen Ausbesserung der Domkirche den Rock unsers Erlösers wieder entdecket haben. Es wurde in der Folge öfters ausgesetzt. Papst Leo X ertheilte die Erlaubniß, ihn alle sieben Jahre zu zeigen; und verlieh allen denen seinen Ablaß, welche bei dieser Feierlichkeit zu den heiligen Sakramenten gehen, und eine Almose zum Unterhalte des Kirchenbaues zurücklaffen würden. — Sehr ärgerlich muſte es allerdings dem Erzbischofe gewesen ſeyn, daß Kaiſer Otto die Bürger der Stadt Trier in ſeinen beſondern Schutz nahm, und so auſſerordentlich begünſtigte. — Johann starb im J. 1212, und ſeine Leiche ward zu Himmerod beigeſetzet: er ſchenkte zu ſeinen Lebzeiten diesem Kloſter die Trümmer des heutigen Kaſtellers, um ſich eine Wohnung davon zu errichten. Wodurch dann leider! dies uralte würdige Denkmal so ganz unkenntlich geworden iſt.

Auf den Johannes folgte Theoderich II, Graf von Wied. Gleich bei dem Antritte ſeiner Regierung wurde er von dem Grafen von Naſſau gefangen; aber durch den neuen Kaiſer Friderich bald wieder in Freiheit geſetzet. Bei dieser Gefangennehmung wäre es bald um den guten Erzbischof geſchehen geweſen: ſchon war das Schwerd gezogen, welches ihn niederwerfen ſollte; als ein braver Ritter von Koblenz edelmüthig hervorſprang, den Schlag auffing, und so mit ſeinem eigenen Blute das Leben ſeines Herrn rettete.

Auf einer Kirchenverſammlung machte Theoderich für ſeine Geiſtlichen mehrere nützlichen Verfügungen: so ſchränkte er unter andern die verderbliche Spielſucht, und die übermäßige Kleiderpracht, welche unter ihnen überhand nahm, ein, und befahl;

daß

daß kein Geistlicher sich lange Zeit, wie es oft zu geschehen pflegte, von seiner Kirche entfernen, sondern bei derselben immer wohnen sollte. — Wunderbar ist die Geschichte eines Kinderzuges ins gelobte Land, welcher auch in diese Zeiten fallen soll, von mehrern aber noch bezweifelt wird. — Im Deutschlande, besonders im Kölnischen, sammelten sich viele tausend Knaben, wählten sich ihren Anführer, und traten ihren Zug darauf muthig an, in der Absicht, mit dem Beistande des Himmels gegen die Feinde Christi ihre Kräften zu versuchen; in Italien wurden sie aber aufgehalten, und wieder nach Haus geschickt. Bei einer nähern Untersuchung zeigte es sich, daß diese unglücklichen Kinder alle bestimmt waren, den morgenländischen Heiden in die Hände geliefert zu werden. So etwas war nichts Seltenes zu diesen Zeiten: wir haben Beispiele in unserm Lande, daß man Knaben raubte, und sie grausam verstümmelte, um die schändlichsten Händel mit ihnen zu treiben.

Eine schreckliche Verfolgung begann auch damals wieder gegen die neuen Ketzer, welche in Frankreich aufstanden, und die man mit Feuer und Schwerd zu vertilgen suchte. Auch ins Trierische schlichen sich ihrer mehrere ein, und errichteten ihre Schulen. Man hatte dies kaum erfahren, als man auch sogleich Scheiterhaufen aufbauete, um die Unglücklichen den Flammen zu übergeben. Die Dominikaner Mönche, derer Ursprung in diese Zeiten fält, hatten das Geschäft auf sich genommen, diese

Ketzer aufzusuchen, und anzugeben. Wie wenig in Deutschland diese Bekehrungsart gefiel, so muste man sie doch annehmen. Zu Trier und Koblenz räumte man ihnen ihre Wohnplätze ein, und suchte sie in Aufnahme zu bringen. — Die Minoriten und Franciscaner kamen auch fast zu gleicher Zeit ins Land, und vermehrten die Anzahl der Bettelklöster auf eine ansehnliche Art.

Unter dem Erzbischofe Theoderich ward auch in der Kreutzkirche, welche ehedem an dem Altthore der Stadt Trier stand, der Körper des heil. Theodulfus vorgefunden, und in das Dominikaner Kloster gebracht, wo er noch heut zu Tage ruhet. Dieser Theodulfus war aber nicht, wie man gewöhnlich glaubt, Bischof zu Rheims, sondern aus ältern Zeiten. Er stammte aus einer kaiserlichen Familie, floh den Hof, suchte die Einsamkeit, und kam nach Trier, wo er starb und begraben ward. — Merkwürdig ist noch der Kirchenbau zu unserer lieben Frauen in Trier, wozu unter Theoderich der Grund geleget wurde. Das Gebäude ist schön, hoch und dauerhaft aus regelmäßig gehauenen Steinen neben der Domkirche aufgeführet, und ruhet auf prachtvollen Säulen, welche in solcher Ordnung stehen, daß sie beim Eintritte dem Auge ein schönes Kreuz darstellen. Das Dach war vordem viel höher, und ist wegen Gefahr des Einsturzes nachher herabgenommen worden.

Gebäu-

Gebäude von der Art, mit dicken hohen Mauern und mit dunklen bemahlten Fenstern, sehen wir noch mehrere im Lande. Die Bauart ist aus dem wärmern Morgenlande, wo sie wegen der brennenden Sonnenhitze sehr bequem war. Obschon sie für unsere kältern Gegenden nicht die beste ist, so fand sie doch Eingang; weil die Deutschen nichts besseres an ihre Stelle zu setzen wußten. Vordem war die römische Bauart im Schwunge: da erbaute man die schönsten und dauerhaftesten Gebäude, welche noch bis itzt größtentheils der Zeit getrotzet haben, und uns in Verwunderung setzen. Selbst Nicetius ließ sein prächtiges Schloß an der Mosel noch durch italiänische Bauleute aufrichten. Wie die Bauart vordem war, ehe die Römer gekommen sind, haben wir oben gesehen.

Theoderich suchte sich gegen seine feindlichen Nachbaren und unruhigen Adlichen zu schützen, erbaute Kylburg, und befestigte Montabaur.— Recht schauerlich mußte es damals bei uns ausgesehen haben: da lag fast auf jedem hervorragenden Felsen eine Burg, deren Bewohner vom Raube lebten, die vorbeiziehenden Kaufleute anszogen, die Klosterfuhren überfielen, und fast keinen Reisenden friedlich vorbei ziehen ließen. Lange Zeit gieng es zu, ehe diese Raubschlösser zerstöret; und den Rittern das Handwerk gelegt werden konnte. — Die häufigen Ueberbleibsel dieser Burgen in unserm Lande erregen in uns noch einen Schauer, und erinnert uns

uns an die traurigen Zeiten des Faustrechtes, wo ein jeder Herr seyn wollte, wo der Stärkere den Schwächern unterdrückte, und ein ewiger Krieg herrschte. — Theoderich starb im J. 1242.

Nach ihm fing die trierische Geistlichkeit an, sich das Wahlrecht allein anzumaßen, und das Volk davon auszuschließen: sie wählte sich Arnold II Grafen von Isenburg. Dies verursachte nun Strittigkeiten; weil das Volk den Rudolf von der Brücke lieber zu seinem Bischofe gehabt hätte. Beide Theile fielen sich in die Haare: der Pallast und die Domkirche dienten zu ihren Verschanzungen, woraus sie sich wechselweis überfielen und verfolgten. Da Rudolf endlich nachgab, und seinem Gegner Platz machte, so war die Ruhe wieder hergestellt. Dieser Handel verursachte in der Folge, daß Arnold das Schloß der Herrn von der Brücke, welche sonst in der Stadt Trier wohnten, davon ausschloß; indem er die Stadtmauern enger ziehen, und die Neispforte dem Schlosse gegen über aufbauen ließ. Weder das Thor noch die Burg dieser Herrn bestehet heut zu Tage mehr.

Um diese Zeit erschienen auch in unserm Lande die Klosterherrn der h. Dreifaltigkeit, welche zur Auslösung der gefangenen Christen errichtet waren, und siedelten sich jenseits der Mosel ohnweit Trier auf dem Helenenberge an. — Nach Trier kamen die Klosterfrauen von Agneten oder

St.

St. Gervasius, wie sie zu der Zeit genennt wurden: in der Folge sind sie wegen ihrem sittenlosen Leben vertrieben, und andere von einer strengern Ordensregel an ihren Platz gesetzt worden. Auch die Nonnen von St. Medard, welche vordem ausser der Stadt lagen, wurden dahin verleget. Recht unordentlich mußte es damals in diesen Frauenklöstern ausgesehen haben; da man sich so viele Mühe gab, die Zucht bei ihnen wieder herzustellen, und ihrer mehrere, welche sonst draussen wohnten, zur Stadt gebracht werden mußten.

Damals nahm König Konrad die Bürger von Trier aus Neue in seinen Schutz, und ertheilte ihnen manche Freiheiten, welche dem Erzbischofe nicht angenehm seyn konnten. —— Arnold mußte sich meistens auf seinem Schloße Ehrenbreitstein aufhalten; denn die Geistlichkeit, welche seine eigenen Unterthanen gegen ihn aufwiegelte, machte ihm viele Plage. Er starb im J. 1259, nachdem er Koblenz von allen Seiten befestiget, und verschönert hatte.

Da man nach seinem Tode wegen der neuen Bischofswahle nicht einig werden konnte, so ward Heinrich von Vinstingen vom Papste angesetzet. Er trat kaum seine Regierung an, als er auch schon Strittigkeiten mit Theoderich dem Abte von Matheis anfing. Der Abt mußte mit seinem Anhange entweichen, und hatte sogar das Un-

glück,

glück, von den Leuten des Erzbischofes aufgefangen und mißhandelt zu werden. Der Handel wird nach Rom berichtet: der Papst läßt die Sache untersuchen, entsetzet den Heinrich, hält ihn gefänglich, und gibt den Trierern einen andern Bischof. — Heinrich hatte nachher Gelegenheit zu entkommen, legte den Streit durch Geld in der Güte bei, glich die Feindseligkeiten mit dem Abte aus, und gelangte so wieder zu dem vorigen Besitze seines Bischthums.

Heinrich errichtete mehrere Burgen und feste Plätze, beschnitt Klöster und Kirchen, und bekam Händel mit der Stadt Koblenz, wo er zum Verdruße der Einwohner ein festes Schloß errichtete. Unter ihm fällt auch die Stiftung der Kirche in Pfalzburg und des Klosters Engelport. — Er starb im J. 1286. an einer langwährigen und schmerzhaften Krankheit, welche die Geistlichkeit, die unter ihm manches selben mußte, als eine Strafe des Himmels angab. — Sieben der Hauptkirchen in und ausser Trier trafen zu seinen Lebzeiten den Verein, sich unter einander beizustehen, und wechselseitig ihre Güter und Freiheiten gegen jeden Angriff zu vertheidigen.

Auf den Heinrich folgte Boemund von Warnesberg. Er war ein sanfter und recht beliebter Bischof, zu dem auch der geringste seiner Leute den freiesten Zutritt hatte, und unter welchem das Land, welches in diesen unruhigen Zeiten oft hart mitgenommen

nommen ward, sich wieder etwas erholen konnte.
Um diese Zeit trennten sich die Domherrn, und verließen die Stadt, weil ihnen der Papst zumuthen wollte, zween unadliche Mitglieder in ihr Stift aufzunehmen. — Im J. 1296. ist die Mosel so hoch aufgeschwollen, daß sie über die trierische Brücke und an mehrern Orten sogar über die Stadtmauern ströhmte. — Unter Boemund fanden auch die Karmeliten, ein Mönchsorden von dem Berge Karmel im Morgenlande, Aufnahme im Trierischen, und ließen sich zu Boppard, Trier und Beilstein nieder. Nachdem Boemund das Schloß in Neumagen errichtet hatte, starb er im J. 1299. — Damals fingen mehrere Ortschaften im Lande an sich etwas zu erheben: sie wurden von ihrer Leibeigenschaft befreiet, erhielten Stadtgerechtsamen, baueten sich Ringmauern, und wurden von den deutschen Kaisern auf mancherlei Art begünstiget.

Es war auch zu dieser Zeit, da man den Juden in Oberwesel die Schuld gab, einen christlichen Jüngling, mit Namen Werner, auf die grausamste Art gemordet zu haben: dies verursachte dann wieder neue Verfolgungen und Bedrückungen gegen diese Unglücklichen. — Man verfuhr immer sehr hart gegen die Juden, ließ sich von ihnen, wie von einem Gut und einer Waare, Zins und Zoll geben, nahm sie auf, und verjagte sie wieder nach Belieben, schloß sie aus jeder Verbindung der andern Bürger aus, benahm ihnen jedes Mittel, sich auf eine ehrliche Art durchbringen zu können, und zwang
sie

sie so, sich auf Betrug und Wucher zu legen. — Daß unsere Zeiten doch noch nicht menschlicher hierinn geworden sind!

Auf den Boemund kam Dietherus, ein Bruder des Königs, und ehedem Dominikaner Mönch. Die Bürger der Stadt Trier standen gegen ihn auf, und vereinigten sich mit dem Grafen von Luxemburg, welchen sie in ihre Stadt aufnahmen, und dem sie das Bürgerrecht sogar ertheilten. Es war noch nicht lange, daß dieses gute Einverständniß zwischen der Stadt und dem Grafen herrschte: vordem waren die größten Feindseligkeiten zwischen ihnen, und das zwar aus der Ursache; weil die Luxemburger zu Grevenmachern einen Zoll anlegten, und dadurch den freien Handel der Trierischen hemmten. Die Bürger, welche dies nicht zugeben wollten, thaten nun einen Ausfall, verwüsteten Grevenmachern, und plünderten im Gebiethe des Grafen. Dieser will nun auch die zugefügte Beleidigung rächen, rücket vor Trier, belagert es, und fällt ihm sehr beschwerlich. Die Feindseligkeiten legten sich nachher, und ein enges Bündniß trat an ihre Stelle.

Durch dieses Bündniß unterstützet, wollten die Bürger nichts mehr von ihrem Erzbischofe hören, sagten ihm den Gehorsam auf, und verjagten seine Beamten. Dietherus war zu schwach, als daß er alles dieses hätte verhindern können; da er noch

zudem

zudem vieles mit den unruhigen Koblenzern zu thun
hatte. Er müßte es geschehen laßen, daß sie sich ihre
eigenen Magistratspersonen wählten. Gehaßt von
seinen Unterthanen, die er durch schwere Abgaben
drückte, starb er im J. 1307.

Unvergeßlich bleibt uns Trieretn der Erzbischof
Balduin, welcher auf ihn folgte. Er war ein
Bruder Kaiser Heinrich des Siebenten, und
Dompropst in Trier. Frühe legte er sich auf die
Wissenschaften, in welchen er es sehr weit brachte,
und schon in seinem drei und zwanzigsten Jahre ward
er zur Bischofswürde berufen. Sein Körperbau war
zwar klein, aber doch schön und regelmäßig: seine
Gesichtsbildung und sein Aug waren ganz der Ab=
druck einer großen und feuervollen Seele. Als ein
erfahrner Kriegsmann machte er den langwiehrigen
Zug mit seinem Bruder nach Italien, hatte oft mit
auswärtigen Feinden, öfters aber noch mit seinem
eigenen Adel im Lande zu thun. Er zerstörte viele
Raubschlößer, baute zu seiner eigenen Vertheidi=
gung mehrere festen Plätze an, und übergab sie sei=
nen Burgmännern, welche mit Leib und Leben
dieselben gegen jeden feindlichen Angriff vertheidi=
gen mußten. Der Kaiser, sein Bruder, bestättigte
und vermehrte auf eine ansehnliche Art die alten
Schankungen und Vorrechten, und das trierische
Land war unter diesem Kurfürsten in seiner größten
Blüthe.

G Das

Das Ansehen unserer Bischöfe war damals aufs höchste gestiegen: sie schlossen nun mit einigen wenigen bei den Wahlen des deutschen Kaisers die übrigen Fürsten aus, maßten sich das Recht an, ihn allein anzusetzen, und wurden deswegen Wahl- oder Kurfürsten genennet; denn kuren hieß vor Alters so viel, als wählen. — Als Kanzler in Lotharingen mußten sie sich oft am kaiserlichen Hofe aufhalten, und einigemal selbst die Reichsverwaltung übernehmen. Da sie auf diese Art immer an Macht und Ansehen zunahmen, so hielten sie auch ihren prächtigen Hofstaat, und ließen sich fürstlich bedienen. Die Edelleute waren zu ihrer Beschützung da, mußten mit ihrem Herrn ausziehen, und mit Gut und Blut für seine Sache streiten; dafür bekamen sie dann von ihm ansehnliche Besitzungen, die man Lehen nannte. Kein anderer Soldatenstand war damals bekannt, und von einem beständigen Fußvolke, welches im Solde stand, wußte man noch nichts. Unsere Kurfürsten erhielten nun auch das vollkommene Recht über die Flüße ihres Landes, konnten an der Mosel und auf dem Rheine nach Gutdünken Zölle anlegen, sich das Geleitgeld geben lassen, und der Sachen mehr thun, die sonst nur der Kaiser sich anmaßte, den Erzbischöfen aber nachher übertrug. Die Unterthanen entrichteten ihnen ihre Abgaben, und zahlten schon frühe Steuern von ihren Gütern. — So bildete sich nach und nach die Landesherrliche Gewalt unserer Bischöfe, und stieg zu der Höhe, in welcher sie zu unsern Tagen erscheinet.

Als Balduin die Regierung antrat, so war es sein erstes Geschäft, die Freiheit der trierischen Bürger einzuschränken, den Vertrag, welchen sie mit dem Dietherus geschlossen hatten, umzustoßen, ihre gewählten Obrigkeiten abzusetzen, und die alte Verfassung wieder einzuführen. Dies alles konnte er dann leicht ins Werk setzen, weil er eine starke Macht hatte, und Gewalt gebrauchen konnte, wenn man sich ihm widersetzen wollte. — Uebrigens machte er manche schönen Verbesserungen im Lande, legte breite Straßen an, schlug Brücken, und beförderte die Sicherheit der Reisenden. Ihm hat auch Koblenz die schöne Moselbrücke zu danken, welche größtentheils von Almosen und Bußegeldern errichtet ward. — Die Stadt Trier hatte unter ihm Strittigkeiten mit den Mönchen von Martin wegen der runden Pforte, oder dem heutigen Martinsthore, worauf beide Theile Anspruch machten. Die Sache kam nachher zum Vergleiche: die Mönche mußten nämlich immer von außen, die Bürger aber von innen zugleich aufschliessen, wann sie geöffnet werden sollte.

Unter die Regierung des Kurfürsten Balduin fällt auch die Aufhebung der Tempelherrn, welche fast zu einer Zeit im Lande verschwunden sind. Man bürdete ihnen mehrere Verbrechen auf, und streuete die größten Schandthaten aus, welche von ihnen verübt seyn sollten; vernünftige Leute aber, welche Einsicht in diese Sache hatten, wollten wissen, daß

man

man alles dieses erdichtet habe, um Ursache zu fin=
den, sich über ihre Schätze herzumachen. — Recht
furchtbar machte sich damals den Koblenzern Rei=
nald Herr von Westerburg: er lag in der Burg
Grenzau, und trieb manchen Unfug in der Nach=
barschaft: dies bewog die Koblenzer, aufzubrechen,
um ihn daraus zu verjagen. Als sie nun ganz sorg=
los, ohne den geringsten Angriff noch zu vermuthen,
ihres Weges daher zogen; so brach auf einmal der
Feind aus einem Hinterhalte hervor, überfiel die
erschrockenen Koblenzer, machte ihrer mehrere nie=
der, und schlepte die andern mit sich in die Gefan=
genschaft fort. Der Kern des Adels soll bei diesem
schrecklichen Ueberfalle umgekommen sein; jährlich
begehen noch daher die Bürger der Stadt das An=
denken dieser Niederlage in einer feierlichen Pro=
cession.

Wie siegreich Balduin meistens gegen seine Fein=
de war, so mußte er doch einmal das Unglück ha=
ben, einem Weibe in die Hände zu fallen. Als er
eines Tages mit einem geringen Geleite die Mosel
herab fuhr, so fühlte er auf einmal bei dem Schloße
Starkenberg sein Fahrzeug gehemmet: man
hatte nämlich absichtlich Ketten durch den Fluß ge=
spannet, welche den Vorbeifahrenden aufhalten
sollten. Unter dem Bestreben sich durchzubrechen,
wird er von feindlichen Nachen umgeben, ergriffen,
und gefangen auf die Burg geführet. Dies alles
geschah auf den Befehl der Spanheimischen Witt=
we

we Laureta, welche ihn nur unter der Bedingniß wieder loß gab, daß er sich anheischig machte, ein Lösegeld von 30000 Gulden zu zahlen, und nie mehr eine Burg auf dem Birkenfelder Gebiethe zu errichten.

Um diese Zeit wüthete die Pest im Lande so stark, daß die Menschen oft zu Tausenden hingerafft wurden, und Mütter so gar ihre eigenen Kinder gemordet und aufgezehret haben sollen, um dem Hungertode zu entgehen.

Mit dieser schrecklichen Plage ward damals unser Deutschland öfters heimgesuchet. Die beständigen Kriege entzogen dem Landbaue so viele arbeitsamen Hände, und brachten manche Uebel aus dem wärmern Morgenlande mit: der Ackersmann war zu knechtisch behandelt, und bekam zu wenig für die Früchten seiner Arbeit, daß sein Fleiß unmöglich belohnet, und seine Betriebsamkeit aufgemuntert werden konnte. Die Folge nun davon war, daß Noth und Mangel sich oft einstellten, und die Plagen und Krankheiten, welche meistens damit verbunden sind, große Verheerungen im Lande anrichteten. So stehet es nicht selten bei dem Menschen, die Erde zum Paradiese oder zum Jammerthale umzuschaffen.

Diese häufigen Landplagen verursachten auch die sonderbaren Processionen der Tänzer und Geißler, welche im Lande, tollen Leuten ähnlich, herumzogen,

zogen, sich mit grausamen Geiselhieben den Rücken wund und blutig schlugen, bis zum Rasendwerden herumsprangen, und des Unfuges noch mehr trieben. So glaubten sie dann den erzürnten Himmel zu besänftigen, und die Plagen abzuwenden. So erfinderisch ist der Mensch, sich selbst zu plagen, wo er es nicht nöthig hat! — Es ist noch nicht lange, daß wir bei uns Ueberbleibsel dieser Geisler= und Tänzerprocessionen gesehen haben.

Balduin starb im J. 1354, nachdem er noch zuvor die Karthäuser, gegen welche er eine besondere Vorliebe äußerte, sowohl zu Trier als zu Koblenz aufgenommen hatte. Er selbst hielt sich gerne unter ihnen auf, und hatte sogar eine eigene Zelle in Ihrem Kloster vor Trier, wohin er sich öfters zurückzog, um seine letzten Tage dem stillen einsamen Leben zu widmen. Auf der andern Seite der Mosel, Trier gegen über, hatte er sich auf einem anmuthigen Berge ein Sommerhaus errichten lassen — der Trierer nennet es noch heut zu Tage Balems= oder Balduinshäuschen — hier soll er seines siechen und kraftlosen Alters gepfleget haben. Er ward auch für Mainz, Worms und Speier zum Bischofe begehret, und von allen geliebt und bewundert, die seine Verdiensten kannten, und zu schätzen wußten.

Auf ihn folgte Boemund II, Graf von Saarbrücken. Er saß nicht lange auf dem bischöflichen Stuh=

Stuhle; denn der Adel, welcher sein schwächliches Alter und seine ausserordentliche Gutherzigkeit wohl zu benutzen wußte, machte ihm vielen Kummer. Er trat deswegen im J. 1361 an Cuno von Falkenstein, Domherrn zu Mainz, die Regierung ab, ließ sich einen reichlichen Lebensunterhalt auswerfen, und begab sich auf sein Schloß Sarburg, wo er im J. 1367 starb.

Cuno hatte viele Plage mit der Stadt Trier, deren Einwohner sich als freie Reichsstädter betrachteten, welche nur unter dem Kaiser stehen, und den Kurfürsten in weltlichen Sachen, als ihren Oberherrn, nicht anerkennen wollten. Sie gaben sich ihre eigene Verfassung, wollten sich keine Zölle auf der Mosel anlegen lassen, zwangen die Schiffe drei Tage vor der Stadt Stappel zu halten, wählten sich ihre eigenen Obrigkeiten, hatten ihre Zünften, machten mehrere Verfügungen zum Nachtheile der Geistlichkeit, führten für sich Krieg, schlossen Frieden, und gingen Bündnisse gegen ihre eigenen Fürsten ein.

Das Betragen des Cuno gegen die Bürger von Trier war anfänglich freundschaftlich und nachgebend; kaum war er aber von ihnen anerkennet, als er dies sein Betragen änderte. Mit gewaltsamer Hand griff er die Stadt an, schnitt ihr alle Zufuhr ab, und hielt die Einwohner, welche ihm in die Hände fielen, gefänglich. Die Bürger gaben endlich
nach,

nach, und vereinigten sich in so weit mit ihm, daß sie den ganzen Handel zum Kaiser, welcher dann in der Sache entscheiden sollte, berichten wollten

Der Kaiser sprach zu Gunsten des Erzbischofes, und befahl den Bürgern, sich unter seine Obergewalt zu fügen. Die Trierer glaubten manches gegen die Rechtmäßigkeit dieses kaiserlichen Machtspruches einwenden zu können, waren darüber sehr unzufrieden, und verbanden sich aufs neue mit dem Herzoge von Lotharingen, der ihnen für eine gewisse Summe seine Hülfe und seinen Schutz versprach. Dieses bewog den Kurfürsten, seine Foderungen etwas herab zu stimmen, und die Bürger gelinder zu behandeln. Da er aber nachher zu Pfalzel einen neuen Zoll anlegte, so brach das Feuer wieder aus: die Bürger bewafneten sich, mißhandelten die Geistlichkeit, und zwangen den Fürsten, ihnen mehrere ihrer vorigen Gerechtsamen wieder zu geben.

Das Städtchen Pfalzel, welches bei den verschiedenen Uneinigkeiten oft unsern Kurfürsten zur Vormauer gegen die Bürgerschaft von Trier dienen mußte, ward unter Cuno ansehnlich befestiget. Er erbaute am Rhein das Schloß Cunostein, vermehrte seine Besitzungen auf eine ansehnliche Art, mußte öfters mit Gewalt den aufrührischen Adel zur Ruhe bringen, und hatte vieles mit einer Räuberherde aus England, welche bis ins Trierische streifte,

zu

zu thun. — Das Kloster Prüm, welches durch die üble Haushaltung seiner Vögte ausgeplündert, und von seinen Mönchen verlassen war, kam unter die Aufsicht des Cuno, der aber nicht vieles zur Herstellung der Ruhe und des vorigen Glanzes beitragen konnte.

Noch immer hörte die Pest nicht auf zu wüthen, und rafte in den Städten und Dörfern eine unzählige Menge von Menschen hinweg. — Im J. 1363 kam eine so große Anzahl Heuschrecken ins Land, daß sie die Luft verfinsterten: sie waren eine halbe Spanne lang, kamen zur Erndezeit, thaten auf den Feldern vielen Schaden, und blieben, bis sie vom Reife alle vertilget wurden. — Das J. 1387 war so fruchtbar, daß der Kurfürst von Mainz hundert Fuder Wein für hundert Gulden kaufte.

Man wundere sich nicht über solche wohlfeilen Zeiten. In einer trierischen Kloster Rechnung vom J. 1474 findet man, daß für eine Floß Holz drei Gulden und fünfzehen Albus bezahlet wurden: ein halb Hundert Heringe kosteten nicht mehr, als acht Albus, und nur fünf Gulden sechs Albus gab man für zwei schwere Schweine. — Damals war nämlich das Geld noch seltner und in größerem Werthe; die Lebensmittel aber, besonders wenn sie im Ueberflusse da waren, standen in geringerm Preise, als heut zu Tage; weil sie durch den Handel nicht weit verführet werden konnten, und in dem Lande selbst abgesetzt gesetzet werden mußten. Zu der Zeit war auch ein Gulden nach seinem innern Werthe fast viermal so viel, als ein heutiger: so sehr fing man an, das Gold und Silber nach und nach mit fremdem Zusatze zu vermischen, den Handel dadurch zu erschweren, und die Lebensmittel zu vertheuern. Es ist also nicht die geringste Ungerechtigkeit, daß in dem Verhältniße, wie das Geld täglich schlechter wurde, auch der Handelsmann, Handwerker, Taglöhner und Landmann aufschlagen mußten.

Die Processionen der Springenden wurden zu der Zeit so häufig, daß alle Städte und Ortschaften von singenden und tanzenden Heiligen wimmelten, und ihrer mehrere auf dem freien Felde gefunden wurden, welche sich zu todt gesprungen haben.

Im J. 1388 begab sich Cuno zur Ruhe, und bekam an dem Grafen Werner von Königstein einen Gehülfen und Nachfolger. Dieser ließ es sich zu einer besondern Sorge seyn, Schätze zu sammeln; er wollte die Kunst verstehen, Gold zu machen, verschmolz im Feuer das Geld seiner Unterthanen, und setzte das Land dadurch in große Schulden. Man erzählet, daß er in seinem Schloße Kapellen mehrere Leute unterhalten habe, die ihm Hofnung machten, durch diese Kunst große Reichthümer zu erlangen. Man hofte wirklich nach dem Tode Werners, in diesem Schloß mehrere vergrabenen Schätze zu finden, und gab sich Mühe, sie zu erhe=

erheben. — Wenn doch die Fürsten statt der vergeblichen Kunst, Gold zu machen, die Wissenschaft erlernten, ihre Länder glücklich und blühend zu machen, und anstatt nach Schätzen zu graben, der Nachwelt Schäze hinterlegten, die kein Rost verzehren wird. Gibt es doch heute der betrügerischen Goldmacher und abergläubischen Schatzgräber noch genug! Was doch der Geldgeiz über uns Menschen nicht vermag!

Werner hatte mit den Einwohnern von Wesel, welche einen Aufstand gegen ihn erreget hatten, vieles zu schaffen, und muste ein ganzes Jahr mit der Belagerung ihrer Stadt zubringen. Bei dieser Gelegenheit komt auch zuerst der Gebrauch des Feuergeschützes vor: es war noch nicht lange, daß ein Franciskaner Mönch das Schießpulver erfunden hatte; man verstand sich aber noch nicht sonderlich darauf, und schoß anfänglich nur mit steinernen Kugeln aus grosen eisernen Feuerröhren, welche man zu der Zeit Donnerbüchsen nannte. — Werner erbauete sich in Engers ein neues Schloß, und versetzte dahin den Zoll von Kapellen. Er legte auch den Grund zu der Burg in Wittlich, welche erst unter seinem Nachfolger vollendet ward, und Ottenstein heißt.

Unter ihm erhielten die Bürger von Trier neue Bestättigungen ihrer Vorrechten und Freiheiten, suchten sich und ihre Stadt auf mancherlei Art gegen

gen ihren eigenen Fürsten und andere unruhigen Nachbaren zu decken, und errichteten zu ihrer Vertheidigung an der Simeonskirche einen hohen viereckigten Thurm. Die Stadt war damals in verschiedene Kriege verwickelt: da waren unter andern die Bürger von Metz, Hugo von Baldringen, Johann von Grichingen, Johann von Reiferscheit, Erhard von Enmnich, die Herrn von Kerpen und Warsberg, Johann Kronenberger und Peter Osberg, welche fast zu gleicher Zeit der Stadt vieles zu schaffen machten.

Die Geistlichkeit verdankt es auch diesem Erzbischofe, daß sie nun, wie die übrigen Laien, mit einem Testamente sterben kann. Vordem war es nicht so: da machten sich die Leute des Bischofs über die Hinterlassenschaft der Geistlichen her; so, daß es oft Raub und Todschlag dabei absetzte. Für diese Erlaubniß muß noch heut zu Tage die Geistlichkeit etwas bezahlen, die ersten Früchten ihrer Kirchenämter dem Erzbischofe überlassen, und am Allerseelentage Werners Andenken feiern.

Zu diesen Zeiten sah es im ganzen Reiche sehr traurig aus: da gewannen die Kriege, die beständigen Plünderungen und Verwüstungen kein End: da war kein Kaiser, der stark und angesehen genug gewesen wäre, dem Uebel zu steuern, und nur dadurch, daß sich die mächtigeren Fürsten unter einander

der verbanden, war es möglich, sich gegen die allgemeinen Gewaltthätigkeiten etwas zu schützen. Von der andern Seite brachen die Türken und Ungarn, denen man nicht Widerstand genüg leisten konnte, ins deutsche Reich ein. —— Nicht besser sah es damals in der Kirche aus: da gab es zu gleicher Zeit drei Päpste, welche sich wechselseitig verfolgten und verfluchten: da herschten Misbräuche und schändliche Gelderpressungen: wegen verschiedenen Religionsmeinungen verfolgte man sich, und schlug sich unter einander todt. Dies bewog dann die Deutschen, in der Stadt Konstanz zusammenzutreten, und eine Kirchenversamlung zu halten, um dem einreissenden Uebel zu steuern, und die Geldbegierde des päpstlichen Hofes einzuschränken.

Auf den Kurfürsten Werner, der im J. 1418 starb, folgte Graf Otto von Ziegenheim. Dieser machte zween Feldzüge nach Böhmen, wo man die dasigen Hussiten als Ketzer mit Feuer und Schwerd verfolgte. Seine Unternehmungen liefen aber nicht nach Wunsch ab: er focht unglücklich, und zog mit einem großen Verluste seiner Leute wieder nach Haus. Er wallfahrtete mit einem kleinen Gefolge ins gelobte Land, und versetzte das Haupt des h. Mathias in die Domkirche. —— Am meisten lag ihm die Verbesserung seiner Geistlichkeit am Herzen: er gieng selbst mit dem schönsten Beispiele vor, und suchte das einigemal mit Gewalt zu Stande zu bringen, was er auf dem Wege der Güte nicht erlangen

langen konnte. Er verjagte die aufrührischen und unzufriedenen Mönchen, verschloß den Domherrn die Stadtpforten, da sie bei der bevorstehenden Veränderung, welche ihnen so wenig gefiel, heimlich mit den Kirchenschätzen entweichen wollten, und veranlaßte in der Abtei von Maximin eine Zusammenkunft von 57 Prälaten, welche die klösterliche Zucht und Ordnung wieder einführen sollten.

In einer Kirchenversamlung, welche er mit seiner Geistlichkeit hielt, suchte er die eingerissene Sittenlosigkeit zu hemmen, und den Ablaßkrämern, welche häufig im Lande herumzogen, und den Leuten für Geld Nachlaß ihrer Sünden anbothen, ihr Handwerk zu legen. Er war wohlthätig gegen die Hülfsbedürftigen, und hatte ein besonderes Herz gegen die armen Landleute, denen er bei einbrechender Noth recht väterlich beisprang. Er starb an einer schmerzhaften Krankheit, noch in der Blüthe seiner Jahre; nur das verdunkelt in etwas seinen Ruhm; daß er die Juden, gegen welche er ausserordentlich hart war, aus der Stadt Trier verjagte.

Die Veranlassung dazu war nach Angabe der Geschichte folgende: da er einmal in seinen jüngern Jahren, wo er vieleicht eine freiere Lebensart führte, Geld von ihnen erborgen wollte, und sich in seiner Erwartung betrogen fand; so soll er geschworen haben, sich an ihnen zu rächen, wenn es einmal in seinen Kräften stehen würde. Sobald er Kur-

fürst

fürst geworden war, brachte er diesen Schwur in Erfüllung: alle Juden mußten nun auf seinen Befehl ohne Ausnahme mit Sack und Pack die Stadt mit dem Rücken ansehen. — Die Juden wohnten vordem abgetrennet von den übrigen Einwohnern der Stadt in einer besondern Gasse, die man die Judengasse nanute.

Nach dem Ableben des Otto gab es wieder Uneinigkeiten wegen der Wahl eines neuen Bischofs. Ulrich von Manderscheid und Jakob von Sirk waren im Vorschlage, als der Papst nach seiner angemaßten Gewalt sich wieder ins Mittel legte, und dem Rabanus, Bischofe zu Speier, diese Würde ertheilte. Jakob fügte sich; nicht aber so Ulrich: dieser wollte sich auf keine Art die Landesregierung nehmen lassen, und schlug so gar schon Geld in seinem Namen. Er hatte auch einen großen Anhang im Lande, und wäre vielleicht durchgedrungen; wenn ihn nicht der Papst mit seinem Bannfluche beleget, und die Kirchen hätte schließen lassen; so, daß im Erzstifte in vier Jahren kein öffentlicher Gottesdienst gehalten werden durfte. Dies bewog dann auch die Bürger von Trier, welche es vordem mit Ulrich hielten, dem Rabanus die Thoren zu öffnen.

Ulrich, der sich nun so ganz verlassen fand, brauchte Gewalt, griff Trier an, und soll immer eine liederliche Weibsperson, die ihm als Wahrsagesagerinn diente, bei sich geführet haben. Er mußte aber zuletzt von seinem Unternehmen abstehen, und sich zur Ruhe begeben. — Unter dem Rabanus fühlte sich das Land nicht glücklicher, als bei den vorigen Unruhen. Er machte einen großen Aufwand, versetzte Zölle und ganze Landstriche, soll 40000 Gulden Landschulden hinterlassen, und die Unterthanen recht ausgesauget haben. Eben so unrühmlich war es auch von ihm, daß er es zu der Zeit, da die deutschen Bischöfe Verbesserungen in der Kirche machen wollten, so eifrig mit dem Papste hielt.

Damals lebte auch der weltberühmte Cardinal Niklas von Cues: er war an der Mosel nicht weit von Bernkastel gebürtig, und von einer geringen Herkunft: frühe legte er sich auf die Wissenschaften, und brachte es darinn so weit, daß er zu hohen Ehren kam, Bischof, und endlich Cardinal ward. Er ward zu mehrern Gesandschaften sowohl ins Morgenland, als nach Deutschland, gebraucht, und stiftete in seinem Geburtsorte ein Hospital, welches noch besteht, und eine gute Einrichtung hat. — Rabanus überließ dem Jakob von Sirk für 60000 Gulden die Bischofswürde, setzte sich in Ruh, und gieng nach Speier zurück.

Der Kurfürst Jakob wurde als ein großer Staatsmann in den wichtigsten Angelegenheiten des Reichs gebrauchet. Seine erste Arbeit war, daß er zwischen der Bürgerschaft und der Geistlichkeit von

Trier

Trier die geſtörte Ruhe wieder herſtellte. Die Einwohner dieſer Stadt, welche durch mehrere Kriege ganz erſchöpfet waren, widerſetzten ſich nämlich den üblichen Vorrechten ihrer Geiſtlichkeit, und wollten nichts von den Zoll= und Acciſsfreiheiten der geiſtlichen Weine mehr wiſſen. — Die Strittigkeiten wurden zuletzt ſo ſtark, daß die Geiſtlichkeit aus der Stadt entwich, und der Kurfürſt ſich ins Mittel legen mußte. Der Handel wurde dahin gelenket, daß die Geiſtlichkeit ſich anheiſchig machte, ſechs Jahre von ihren Weinen die gehörigen Abgaben zu entrichten, nach welcher Zeit ſie wieder ihre vorige Freiheit genieſſen ſollte. — Ein gewiſſer Cornelius, Statthalter von Luxemburg, hatte ſich mit noch mehrern andern in der Abſicht verbunden, die Herrſchaft über Trier an ſich zu reißen. Die Verſchwörung ward aber noch zur guten Zeit durch eine Magd entdecket, und vier Verräther wurden enthäuptet und geviertelt. — Der Kurfürſt konnte oder wollte es nicht verhindern, daß die Bürger von Trier in dem Beſitze mehrerer alten Vorrechten blieben, und ſich wieder ihre Bürgermeiſter wählten. Er galt vieles bei dem Kaiſer, von welchem er neue Zollgerechtſamen erhielt: und damit die Waaren nicht über Land den Zoll verfahren könnten, ſo wurden noch drei andere zu Wittlich, Hunsheim und Reiden angeleget.

H   Am

Am Rheine gibt es nun drei Zölle; einer zu Bopparb, ein anderer zu Koblenz, welcher ehedem in Engers war, und ein dritter zu Leubesborf, welcher vormals in Hammerstein erhoben wurde. Zu Pfalzel und Kochem werden die Moselzölle entrichtet. — Der Handel war in den mittlern Zeiten bei den Deutschen sehr blühend, und die mächtigsten Kaufleute, welche einen ausgebreiteten Handel trieben, fand man im Reiche; doch blieben die häufigen Zölle und die Unsicherheit der Straßen noch immer große Hindernisse desselben. Deswegen trafen öfters unsere Kurfürsten mit den Herzogen von Lotharingen und Luxemburg, und mit den Kurfürsten von Mainz, Köln und der Pfalz Handlungsverträge, suchten die Hindernisse zu heben, schlugen gemeinschaftliches Geld, um den wechselseitigen Verkehr zu erleichtern, und sahen es selbst ein, daß es nicht so ganz recht sey, auf ihren Flüssen, welche der liebe Gott doch für einen jeden ihrer Unterthanen frei daherströmen läßt, so häufige Zölle zu haben.

Dem Kurfürsten Jakob lag das Aufkommen seines Landes, und die Bereicherung seiner Familie sehr am Herzen: man wirft ihm vor, daß er aus Geldgeiz auch nach dem Metzerbisthume getrachtet habe. Er brachte einmal durch seine übertriebenen Foderungen, in welchen er kein End wußte, den Kaiser so sehr auf, daß dieser ihm antwortete: wenn er nicht bald mit seinem Begehren endigen würde,

würde, so wollte er damit den Anfang machen, es ihm abzuschlagen.

Mit dem Könige von Frankreich, der sich mit einer feindlichen Armee dem trierischen Lande nahete, traf er eine kluge Vereinigung, und wendete so die Kriegsschrecken vom Erzstifte ab. —— Er war übrigens ein großer Freund der deutschen Kirchen=Freiheit, und widersetzte sich den unrechtmäßigen Foderungen des päpstlichen Hofes; weswegen er dann von dem Papste mit dem Bannfluche belegt ward. Dies benutzten die Adlichen und Geistlichen des Landes, und standen gegen ihn auf; doch Jakob kam ihnen zuvor: die aufrührischen Adlichen demüthigte er mit den Waffen, und die Geistlichen, welche sich nicht fügen wollten, verjagte er aus dem Lande. Er verbesserte die Zucht unter den Chorherrn von Simeon, stiftete das Nonnenkloster Beßlich bei Koblenz, und versetzte in das Bußkloster der h. Magdalena in Trier die Schwestern der h. Klara. — Ehedem gab es mehrere dieser Bußklöster, wo zuchtlose Weibspersonen durch eine strengere Lebensweise manche Jugendfehler wieder gut machen mußten.

Der Papst Niklas V ertheilte dem Erzbischofe Jakob die Erlaubniß, eine Universität, oder eine allgemeine Schule, im Lande zu errichten, und gestattete ihm, zum Unterhalte der Lehrer sechs Kanonikaten, eben so viele andere Kirchenämter oder

Präbenden, und drei Pfarreien zu verwenden. Diese Schule, welche nachher so blühend ward, wollte anfänglich noch nicht in den gehörigen Gang kommen: sowohl die Päpste als Kurfürsten thaten ihr Möglichstes, um ihre Aufnahme zu befördern; aber die Zeiten waren noch nicht da, wo man Wissenschaften und Gelehrte gehörig zu schätzen wußte. Nie konnte auch die Universität in den völligen Besitz ihrer angewiesenen Güter kommen; man wollte sich nämlich nicht überreden lassen, die fetten Einkünften, welche oft so leicht verdienet werden, auf bessere Anstalten zu verwenden. Die meisten Stifter und Pfarreien lößten sich mit geringem Gelde aus: nur die einzige Kanonikat zu Simeon und die zwo Stadtpfarreien Laurentius und Sangolph in Trier verblieben noch unserer hohen Schule bis auf diesen Tag.

In diesen Zeiten hatten auch einige Weltpriester zu German in Trier ihre Lehrstühle aufgeschlagen: sie widmeten sich mit vielem Eifer dem Unterrichte der Jugend, und führten einen so unbescholdenen Lebenswandel, daß sie von allen geschätzet wurden, und daher auch ihren Namen, goldene Priester, erhielten. — Das verdienen auch wirklich die Männer, die so viel gutes stiften, und derer einziges Geschäft es ist, sowohl ihre Mitbürger zu belehren und aufzuklären, als auch für eine vernünftigere Nachwelt zu sorgen.

Noch

Noch ist unter dem Kurfürsten Jakob das Entstehen des berühmten Wallfahrtsort Klausen zu merken. Ein Bauer aus der Gegend von Eseh hatte eine besondere Vorliebe und Andacht zur h. Mutter Maria: wo er ging und stand, sang er ihr zu Ehren Lieder, trug ihr Bild überall mit sich herum, und um es unter der Arbeit nicht aus den Augen zu verlieren, so setzte er es in einen Stamm. Er gab nachher vor, im Traume von ihr den Befehl erhalten zu haben, dem Bildchen eine kleine Kapelle zu errichten: er that es; und zwar mit einem so guten Erfolge, daß nachher eine größere Kirche dahin gebauet, und ein Kloster von mehrern Chorherrn daselbst errichtet werden konnte. Die benachbarten Pfarrer und besonders der würdige Cardinal von Cues eiferten sehr gegen diese neue Stiftung, glaubten an den ausgestreuten Wundern zweifeln zu dürfen, und mußten mit vielem Aerger sehen, daß nun der Pfarrdienst weniger besuchet, die Wallfahrten aber, wobei oft die größten Ausschweifungen geschahen, täglich häufiger wurden.

Auf den Kurfürsten Jakob, der im J. 1456 starb, folgte Johann, Markgraf von Baden, der schon in seinem zwei und zwanzigsten Jahre zu dieser Würde gelangte. Ehe er seinen Einzug in Trier nahm, mußte er den Bürgermeistern, welche ihn vor der Stadt empfingen, geloben, die Rechten der Bürgerschaft nicht zu kränken, und sie bei ihrer angesetzten Obrigkeit zu lassen; worauf er denn erst
ein-

eingelaſſen wurde. Der Einzug war über alle Be=
ſchreibung prächtig: mehrere Vornehmen von Adel
begleiteten den jungen Kurfürſten, und ſein Gefolg
beſtand aus zwei tauſend fünf hundert Mann zu
Pferde. In der Stadt zog ihm die Bürgerſchaft
entgegen, und legte ihm den Eid der Treue ab.
Verſchiedene Luſtbarkeiten und Ritterſpiele beſchloſ=
ſen die Freuden des Tages. Dies gute Einver=
ſtändniß war aber nicht von langer Dauer; indem
der junge Kurfürſt Aenderungen machte, welche der
Stadt nicht gefielen. Er mußte aber doch bald da=
von abſtehen, und zugeben, daß die Bürgerſchaft
ſich wieder ihre eigenen Magiſtratsperſonen wählte,
und von ihrer Waare keinen Zoll entrichtete.

Erſt im J. 1472 kam die Univerſität, wozu ſchon
unter dem vorigen Kurfürſten der Grund gelegt
wurde, in den Gang. Für zwei tauſend Gulden
übertrug der Erzbiſchof Johann dem Stadtmagiſt=
rate in Trier das Schutzrecht über ſie; behielt ſich
aber noch das Kanzleramt bei derſelben zuvor. Es
wurden nun dreiſig Lehrer angeſetzt, und der Tag
ihrer Einweihung ward mit vieler Pracht und Fei=
erlichkeit begangen.

Im J. 1473 war in Trier die prachtvolle Zu=
ſammenkunft, worauf der burgundiſche Herzog,
Karl der Kühne, Kaiſer Friderich und ſein
Sohn Max erſchienen. Die Geſchichte erzählet
vieles von dem auſſerordentlichen Glanze, und dem
präch=

prächtigen Gefolge dieser Fürsten, und von dem kostspieligen Tischgelage zu Maximin, wie nur Kaiser und Könige es halten können.

Die Ruhe fing nach und nach an in Deutschland zurückzukehren. Der Kaiser und das Reich machten gute Anstalten, wodurch Ordnung und Sicherheit gehandhabet wurden: die Mächtigern verbanden sich, und widersetzten sich den Gewaltthätigkeiten der Ruhestöhrer, und seitdem das Pulver ist erfunden gewesen, war kein Ritter mehr auf seiner Burg sicher, wenn er seinen gewöhnlichen Unfug wieder anfangen wollte. — Doch hatten der Kurfürst und die Stadt Trier, welche eine geraume Zeit auf gutem Fuße zusammen lebten, mit mehrern unruhigen Nachbarn manche Händel, welche sich aber bald alle zu ihrem Vortheile legten.

Johann traf gute Anstalten zur Sicherheit des Landes, befestigte aufs Neue die zerfallenen Burgen, ließ seine Schlösser ausbessern und verschönern, bauete Kärlich, und verwendete eine große Sorge auf das Bad in Bertrich, welches fast ganz verwildet, und in seinem Schutte da lag. — Diese vortrefliche Quelle, welche an Heilungskraft den Bädern in Aachen nichts nachgibt, verdienet es auch allerdings, daß man sich in unsern Zeiten so viele Mühe gab, sie durch mehrere Bequemlichkeiten und Verschönerungen bei den Einheimischen sowohl, als bei den Ausländern in Aufnahm zu bringen.

gen. — Johann machte vortreffliche Landesgeseze, traf nüzliche Verbesserungen für die Kirche, und war besonders bemühet, die Ordnung und Zucht in seine Klöster zurück zu bringen. — Im J. 1499 wäre er bald auf seiner Burg in Kochem unglücklich umgekommen; indem Feuer daselbst ausbrach, und die Pulverkammer zündete. Von Alter entkräftet, übertrug er seinem nahen Vetter Jakob von Baden die Regierung, und starb im J. 1503.

Jakob von Baden verfiel wieder in die alten Zänkereien mit den Bürgern von Trier, und brach den Vertrag, welchen sein Vorfahrer mit ihnen geschlossen hatte. Die Sache hatte keine weiteren Folgen; denn sie wurde durch Vermittlung in der Güte beigeleget. Das Land verdankt es diesem braven Kurfürsten, daß er mehrere versezten Güter auslößte, nach Möglichkeit die Schulden tilgte, und recht väterlich für das Wohl seiner Unterthanen bedacht war. Der Tod raffte ihn zu frühe hinweg; den er starb schon im J. 1511 an einer schmerzhaften Krankheit.

Um diese Zeit lebte auch der so berühmte Abt, Johannes Trittheminus. Er ward im J. 1462 in dem Flecken Trittenheim an der Mosel gebohren, hatte von seiner frühesten Kindheit an eine besondere Lust zum Studieren; konnte aber von seinem Vater nie die Erlaubniß dazu erhalten. Er schlich daher öfters zur Nachtszeit, wenn seine Eltern

tern schliefen, zu einem seiner gutmüthigen Nach=
barn, der sich des wißbegierigen Knabens annahm,
und ihn in Verschiedenem unterrichtete. Er lief
endlich auf und davon, widmete sich vollends den Wis=
senschaften, und wurde zuletzt ins Kloster zu Span=
heim aufgenommen. Hier konnte er nun seine
Fähigkeiten weiter entwickeln, und hatte das beson=
dere Vergnügen, obschon er der Jüngste unter sei=
nen Mitbrüdern war, zum Prälaten gewählet zu
werden. Ihn traf nachher der Haß und die Miß=
gunst seiner Mönchen: sein Schicksal rief ihn zuletzt
ins Wirzburgische, wo er im J. 1516 starb. —
Er stand wegen seiner großen Gelehrsamkeit überall
in hohem Ansehen, und genoß die Freundschaft und
das Zutrauen der Großen. Nur die Einfältigen
sahen ihn als einen Schwarzkünstler an, der es mit
dem Teufel hätte; weil er Künsten trieb, wovon sie
nichts verstanden.

Richard von Greiffenklau, Sänger zu
Trier, kam im J. 1511 zur Regierung. Gleich an=
fänglich hatte er mit dem Abte von Prüm Gränz=
strittigkeiten, welche sich aber bald legten. Mehr
Kummer machten ihm die zween Edelleute, Jo=
hann Hilchen von Lorich und Franz von
Sickingen. Am meisten litt unser Land durch den
Letztern. Manche Ursachen bewogen diesen Franz
von Sickingen, der damals großes Aufsehen machte,
dem Kurfürsten Richard förmlich den Krieg zu er=
klären. Er brachte in der größten Geschwindigkeit

eine

eine ansehnliche Armee zusammen, fiel ins Trierische ein, belagerte und beschoß Trier von mehrern Seiten, und suchte auf jede mögliche Art dem Kurfürsten die Stadt zu entreissen. Er mußte aber von seinem Vorhaben abstehen, und sich in der größten Eile zurückziehen; weil Hilfstruppen schon unter Weges waren, die ihm den Rückzug hätten abschneiden können.

Das Jahr darauf brach Richard mit seinen Verbundenen auf, um den verwegenen Edelmann in seiner eigenen Burg anzugreifen. Franz ward nun förmlich belagert, durch ein feindliches Geschoß tödlich verwundet, und zur Uebergabe genöthigt. Er blieb aber nicht lange in den Händen seiner Sieger; denn die Fürsten waren kaum in die Burg eingerückt, als er auch schon in ihrem Beiseyn seinen Geist aufgab. — Franz von Sickingen bleibt immer ein großer Mann, den seine Feinde im Leben fürchten, und im Tobe noch schätzen mußten.

Richard zog zwar mit vieler Beute beladen nach Haus zurück; doch war das wohl ein Ersatz für die vielen Kosten, welche dieser Krieg dem Lande verursachte? — Bei dieser Gelegenheit ist auch das Kloster Maximin von den Bürgern in Trier aus einem alten angeerbten Hasse verwüstet worden: selbst der Rath gab den Befehl, Feuer anzulegen, und sah dem Unfuge ruhig zu.

Zu

Zu dieser Zeit war es auch, da die neue Lehre im Reiche aufkam. — Schon lange führte man bittere Klagen gegen verschiedene Mißbräuche in der Religion, sah die Geldbegierde des päpstlichen Hofes und die schlechten Sitten der Geistlichen, und wünschte so sehnlich, daß es einmal besser werden mögte. — Es ist so dem Menschen eigen, daß er immer weiter strebet, und nie beim Alten stehen bleibt: seine Fähigkeiten entwickeln sich immer mehr und mehr, sein Verstand strebt nach Wahrheit und Licht, wie sein Herz nach Tugend und Güte. — In Deutschland sah es nicht mehr so dunkel aus, als vordem: da gab es Männer, welche über dies und jenes freimüthig nachdachten, sich in mehrern Künsten und Wissenschaften rühmlichst hervorthaten, dem Volke die Wahrheit aufdeckten, und es über seine Rechten und Pflichten belehrten. Der Handel, wodurch die Menschen unter einander sich immer besser kennen lernen, und die Buchdruckerkunst, welche von einem Deutschen erfunden ward, beförderten dies aufkeimende Gute, und machten es allgemeiner.

Es standen nun mehrere Verbesserer auf; aber keiner wußte das Ding so recht anzugreifen, und etwas besseres an die Stelle zu setzen. — Luther predigte gegen die Mißbräuche, und hatte einen großen Anhang: er gieng weiter, und bekam auch viele Widersager. Der Kurfürst Richard und Johann Eck, trierischer Official, gaben sich viele
Mühe,

Mühe, den Verbesserer zu widerlegen, und das Aufkommen einer neuen Religionsparthie zu verhindern. Sie waren aber nicht so glücklich, es zu Stande zu bringen: Luthers Lehre hatte schon einen zu großen Anhang, und er selbst zu viele Mächtige auf seiner Seite. Eine bittere Trennung in der Kirche, und ein blutiger dreißigjähriger Krieg waren die Folgen davon.

Auch in mehrern Oertern des trierischen Landes fand Luthers Lehre Eingang. Man merkte es selbst den Bürgern der Stadt Trier an, daß sie einiges Vergnügen an den Neuerungen fanden. Sie wollten nun nichts mehr von den Freiheiten ihrer Geistlichkeit wissen, und verlangten, daß sie in allem ihnen gleich gehalten werden sollte. — Vieles Aufsehen im Reiche machte damals der Bauernkrieg. Zu tausenden standen die Landleute auf, foderten von ihren Herrn eine menschlichere Behandlung, verlangten eine Verminderung ihrer übertriebenen Abgaben, und brachten der Beschwerden noch mehrere vor: sie drohten mit der Gewalt, wenn man ihnen kein gütliches Gehör geben, und ihre Lasten nicht mindern wollte. Hordenweis streiften sie bis an den Rhein, und naheten sich sehr stark dem Trierischen. Ludwig von der Pfalz und unser Erzbischof setzten sich ihnen entgegen, und jagten sie auseinander. Bei dieser Gelegenheit beging unser Kurfürst die Grausamkeit, auch nicht derjenigen, welche schon ihre Waffen weggeworfen, und sich ergeben

geben hatten, zu schauen; ja er soll sogar mehrere
der wehrlosen Unglücklichen mit eigener Hand gemordet haben.

Unter dem Kurfürsten Richard hielt der Kaiser
Max einen ansehnlichen Reichstag in Trier. Bei
welcher Gelegenheit der Rock Christi wieder mit vieler Feierlichkeit vorgezeiget ward: die Anzahl der
frommen Pilgrime belief sich damals auf hundert
Tausend. Diese große Volksmenge verursachte die
Pest in der Stadt, und machte, daß der Reichstag
sich trennen mußte. Bei seinem Aufenthalte in Trier
bezeugte auch der fromme Kaiser Max seine besondere Verehrung gegen den h. Willibrod, indem er
eine Kerze von dreihundert fünfzig Pfund nach Ech-
ternach schickte. Im J. 1531 starb Richard auf seinem Schloße in Wittlich: einige behaupten, man
habe ihm Gift beigebracht.

Auf ihn kam Johann von Metzenhausen,
Dompropst in Trier. Er trug vieles dazu bei, die
Stadt Münster in Westphalen den unruhigen
Wiedertäufern zu entreißen, und sie ihrem
rechtmäßigen Bischofe wieder in die Hände zu lie-
fern. — In dieser Stadt ging es damals sehr unordentlich zu: da trieb ein gewisser holländischer
Schneider Johann von Leiden sein verderbliches Spiel, sprach von einem neuen zu errichten-
den Reiche der Gerechten, predigte die sonderbarsten Meinungen von Gleichheit und Freiheit,

heit, betrug sich wie ein König, und trieb des Unfugs noch mehr. — So etwas war zu diesen Zeiten nichts Seltenes: Schuster und Schneider wollten Verbesserungen machen, und hielten ihre abgeschmacktesten Träumereien für göttliche Offenbahrungen.

Die Bürger von Trier waren wenig darauf bedacht, das Aufkommen der Universität zu befördern: sie vernachläßigten die Wissenschaften, und hatten sogar das Schulhaus zu ihrem eigenen Gebrauche verwendet. Mehr machte sich der Kurfürst Johann damit zu schaffen: er setzte wieder tüchtige Lehrer an, und sorgte für ihre Besoldung. — Uebrigens schrieb er seiner Geistlichkeit eine geziemende Kleidertracht vor, machte Verbesserungen in der Gerechtigkeitsverwaltung, und befestigte aufs Neue das Städtchen Pfalzel. — Er starb im J. 1540.

Unter dem neuen Kurfürsten Ludwig von Hagen ward das trierische Land auf verschiedene Art sehr hart mitgenommen. — Die Pest machte wieder große Verheerungen, die Franzosen nahmen Luxemburg weg, und fielen dem trierischen Lande sehr beschwerlich. Auf der andern Seite foderte man Hülfe gegen die Türken, welche immer weiter vordrangen. Georg von der Leyen ward auch wirklich wider diese mächtigen Feinde des Reichs mit seinen Truppen abgeschickt; kam aber mit einem großen Verluste seiner Leute wieder nach Haus zurück. — Herrmann, Bischof von Köln, welcher

cher der neuen Lehre zugethan war, schickte ins
Trierische seine Apostel, und ließ zu Lintz und
Andernach predigen. — Die Kirchenversamm=
lung in Trient, worauf die neuen Irrthümer
beigelegt, und noch andere Verbesserungen getrof=
fen werden sollten, nahm auch ihren Anfang.

Ludwig starb im J. 1547: auf ihn folgte Jo=
hann von Isenburg. Er erhielt die Verwal=
tung über die Abtei Maximin, und mußte sehen,
daß die drei Städte seiner Unterbischöfe, Metz,
Tull und Verdun von Lotharingen losgerissen,
und an Frankreich gebracht wurden. In einer Kir=
chenversammlung, worinn er Verbesserungen mit
seiner Geistlichkeit anstellen wollte, war er der Er=
ste, welcher sich der allgemeinen Prüfung unter=
warf, und die Reform an seiner eigenen Person an=
fangen wollte. Er reiße darnach auf die Kirchen=
versammlung zu Trient; mußte aber bald wieder
zurückkehren; weil die französischen Händel und
Luthers Apostel ihm viele Unruhe machten.

Im J. 1552 litt das trierische Land sehr vieles
durch den Markgrafen Albert von Branden=
burg. Er streifte mit einem ansehnlichen Heere in
den Rheingegenden, und fiel den katholischen Für=
sten sehr beschwerlich. Von unserm Erzbischofe ver=
langte er nichts Geringeres, als ihm die Festung
Ehrenbreitstein zu räumen. Da er sich der Stadt
Trier nahete, so bedachten sich die Bürger keinen

Augen=

Augenblick, ihm die Schlüssel der Stadtthoren entgegen zu tragen, und ihn mit Freuden in Ihren Mauern aufzunehmen. Die Geistlichen waren ausgewandert; denn sie wußten, welchen Freund sie an dem Markgrafen haben würden.

Damals sah es in unserer Stadt sehr kläglich aus: die Stiftskirche Paulin und die beiden Abteien Maximin und Mergen gingen in Flammen auf: die Kirchenschätze wurden geraubt, mehrere Wohnungen der geistlichen Herrn ausgeplündert, und dem Boden gleich gemacht, die Glocken von den Thürmen herabgeworfen, die Altäre zerstöret, und was man nicht mitnehmen konnte, wurde zerschlagen, oder an die Bürger verkauft. Die beiden festen Städtchen Pfalzel und Sarburg, hatten ein gleiches Schicksal: sie wurden mit leichter Mühe eingenommen und eingeäschert. — Nur die Abtei Martin blieb bei diesen allgemeinen Verwüstungen verschonet: und das hatte sie ihrem alten ehrwürdigen Schultheis Peter Malburg zu verdanken. Dieser empfing den Markgrafen an den Thoren des Klosters, reichte ihm so ganz gutherzig einen Becher Wein von der besten Probe, und flehete um Schonung. Der Markgraf ließ sich bewegen, bath sich ein größeres Faß von diesem köstlichen Klosterweine aus, legte sein Siegel an die Pforten der Abtei, und verboth seinen Soldaten, die geringste Feindseligkeit an diesem Orte zu verüben.

Sie

Bei dieser Gelegenheit begingen die trierischen Rathsherrn eine Nachläßigkeit, welche ihnen ewige Unehre machen wird. Die Soldaten in der Stadt klagten über Mangel an Lebensmitteln; der Markgraf eilte daher sogleich auf die Steippe, um sich mit dem versammelten Rathe zu unterreden, und dem Uebel abzuhelfen. Aber da war man so ganz sorgenloß, zechte recht gütlich, suchte sich mit Würfelspielen die Zeit zu vertreiben, und dachte an keine Noth. Der Markgraf, welcher die frohen Zecher schon von Ferne hörte, erstaunte über ihre Gefühllosigkeit bei dem allgemeinen Elende, schoß ganz erboßt eine Kugel durchs Fenster, und bestrafte mit einem derben Verweiß die aufgeschreckten und bestürzten Rathsglieder.

Bei Annäherung der kaiserlichen Truppen nahm Albert seinen Rückzug, und war nur mit Geld dazu zu bewegen, die Stadt nicht im Feuer aufgehen zu lassen. Er war noch nicht lange fort, als schon Soldaten aus Luxemburg vor die Stadt rückten, um die Bürger dafür zu züchtigen, daß sie den Markgrafen aufgenommen hatten. Sie wurden aber nicht eingelassen, und mit Gewalt zurückgedrängt. — Beschwerlicher fielen den Einwohnern von Trier das Jahr darauf die kaiserlichen Truppen, welche von Hunger und Krankheit aufgezehret, die Winterquartiere bei ihnen bezogen, dieselben durch harte Erpressungen und unmenschliche Behandlungen plagten, und so das gute Einverständniß,

J wel=

welches vordem zwischen den Bürgern und dem Markgrafen herrschte, bestrafen wollten.

Da der Erzbischof Johann von Isenburg im J. 1556 die Augen geschlossen hatte, so folgte Johann von der Leyen, der schon das Jahr zuvor zum Regierungsgehülfen angenommen wurde. — Die kaiserlichen Truppen verließen die Stadt Trier, und den Bürgern wurden die Thorschlüssel wieder eingehändiget. — Sehr viel Aufsehen erregte zu dieser Zeit Kaspar Olewian; da er die neue Lehre öffentlich in Trier predigte, und sich einen großen Anhang machte.

Er war eines Bäckers Sohn, und wohnte in Trier auf dem Graben. Mit vielem Eifer legte er sich auf das Studiren, durchreiste Frankreich, und kam zuletzt nach Genf in die Schweiz, wo er mit den Grundsätzen der neuen Religionslehrer bekannt wurde. Nachdem er die Doktorwürde erhalten hatte, kehrte er in seine Vaterstadt zurück, widmete sich dem Unterrichte der Jugend, und streute gelegenheitlich verschiedenes mit unter, was von der alten katholischen Lehre abwich, und ihn bei manchen verdächtig machte. Er predigte öffentlich gegen das h. Abendmahl, gegen die Verehrung der Heiligen, und noch gegen andere Religionsgebräuche. Der neue Prediger fand bei mehrern Beifall, und hatte eine besondere Stütze an dem damaligen Bürgermeis=

germeister Johann Stenß, der mit noch an=
dern Rathsgliedern auf seiner Seite war.

Die Sache wurde nachher wichtiger, als man
anfänglich geglaubt hatte: der neue Lehrer, von
mehrern benachbarten protestantischen Fürsten un=
terstützt, ließ sich durch nichts abschrecken, seine
Predigten in der Kirche des Bürgerhospitals fort=
zusetzen, und seinen Anhang täglich zu vermehren.
Es trafen verschiedene kurfürstlichen Gesandschaf=
ten in Trier ein, welche die Sache beilegen sollten;
aber wenig gegen die Aufrührer ausrichten konnten.
Auf die Seite des Olewians schlugen sich die Metz=
ger, Gärber, Schmiede, Schuster und
Schneider: die übrigen Zünfte, besonders die
Faßbinder, eiferten ausserordentlich gegen die
Neuerungen, und verschwuren sich, für die alte Re=
ligion ihr Leben zu lassen.

Der Kurfürst, welcher bei diesen Unruhen ab=
wesend war, glaubte keine Zeit verlieren zu dürfen,
um nach Trier zu eilen, und dem immer mehr um
sich greifenden Uebel Gränzen zu setzen. Sobald
er in Pfalzel angekommen war, schickte die Bürger=
schaft eine Gesandschaft an ihn, mit der Anfrage,
ob er sie bei ihren alten Rechten und Freiheiten
handhaben wolle. Der Kurfürst verspricht es, und
rücket mit hundert siebenzig Reitern vor die Stadt.
Hier nahm sich nun der Bürgermeister Stenß das
Herz, seinem Herrn die Thoren zu verschließen,

meh=

mehrere Fragen an ihn zu thun, und sogar zur
größern Versicherung vom Erzbischofe einen Handstreich zu verlangen. Der Kurfürst versprach, was
er versprechen konnte, und wurde endlich hereingelassen.

Aber nun ging erst der Lärm recht an: die Aufrührer sperrten die Straßen mit Ketten, und drohten dem Kurfürsten, wenn er Gewalt brauchen würde. Pater Fae, ehemaliger Pfarrer zu Bopparb,
welcher in der Jakobs Kirche die neuen Irrthümer
bestreiten sollte, mußte mit Gefahr seines Lebens die
Kanzel verlassen; denn man stürmte die Glocken,
und machte einen förmlichen Auflauf. Am meisten
zeichneten sich bei dieser Gelegenheit die Weiber der
Stadt aus: einige hatten Fleischgabeln, andere
Spinnrocken, Messern, Kochlöffeln und Bratspieße,
womit sie den katholischen Geistlichen überfielen,
und ihn zwangen, den Platz zu räumen. — Aus
Aerger verließ der Kurfürst bald wieder die Stadt,
ging nach Pfalzel, und fing an die aufrührischen
Bürger hart einzuschränken: er sperrte ober und
unter Trier die Mosel, schnitt den Einwohnern alle
Zufuhr ab, und leitete die Wasserquellen ab, welche zur Stadt fließen.

Nachdem der katholisch gesinnte Theil der Bürgerschaft mit den Aufrührern ernsthafter zu reden anfing und die Anführer des Aufstandes gefänglich
nach Pfalzel gebracht wurden; so ward die Ruhe
doch

doch bald wieder hergestellet. Der Kurfürst kehrte nach Trier zurück, die Mißvergnügten mußten auswandern, den Eid schwören, sich nie an ihrem Vaterlande zu rächen, und eine Summe von dreitausend Gulden erlegen. Olewian ward vom Kurfürsten in der Pfalz als Lehrer angestellet, kam nachher ins Nassauische, wo er im J. 1587 starb. — Am Pfingstmontage begehen die Trierer zum Andenken dieser Begebenheit einen feierlichen Umgang.

Kaum waren diese Religionsunruhen geleget, so brach ein neuer Aufstand in Koblenz aus: die Bürger dieser Stadt wollten sich ebenfals als freie Reichsstädter betrachten, und verschlossen ihrem Fürsten die Thoren; nach einer harten Belagerung mußten sie sich aber ergeben, und ihrem vorigen Herrn wieder unterwerfen. — Im J. 1566 erhoben sich aufs Neue die alten Zänkereien mit den Bürgern Triers: die Sache ward wieder an den Kaiser berichtet; Johann erlebte aber die Entscheidung nicht mehr, und starb im J. 1567. — Die Zeiten waren nun einmal so, daß jede Stadt, so wie sie an Macht und Reichthum zunahm, sich der landesherrlichen Gewalt entziehen, und nur unter dem Kaiser stehen wollte. Was Wunder! die geringern Herrn hatten es ja eben so gemacht, und waren nach und nach zu unabhängigen Fürsten geworden. — Die Adlichen und Großen beneideten zu der Zeit den Reichthum der Städter; machten ihnen daher auf jede mögliche Art viele Plage, und wollten ihr weiteres Aufkommen

kommen dadurch hindern, daß sie den Handel und
Wandel sowohl zu Wasser als zu Lande unsicher
machten. — Wie traurig muß es in einem Lande aus=
sehen, wo der arbeitende und Brodschaffende Theil
des Volkes so wenig geschätzet, und so hart gedrückt
wird!

Zu seinen Lebzeiten war Johann sehr bemühet
der Universität, welche noch nicht recht in ihren
Flor kommen konnte, aufzuhelfen. Er munterte zu
dem Ende den Rath zu einer Beisteuer auf, und be=
rief im J. 1560 die Jesuiten nach Trier: dabei
hatte er nun zwo Absichten; erstens sollten sich diese
Ordensmänner mit dem Unterrichte der Jugend ab=
geben; zweitens mußten sie auch die neuen Irrleh=
rer bestreiten, und für die Reinheit der Religion
wachen. — Sie bewohnten anfänglich ein altes Ge=
bäude in der Dieberichsgasse; erhielten aber nach=
her in der Brodgasse die weit bequemere Wohnung
der Minoriten, welche nach German verlegt wur=
den. Das prächtige Schulhaus und die schöne Kir=
che zur heiligsten Dreifaltigkeit wurden in der Folge
erst errichtet. Sie erwarben sich auch ansehnliche
Güter und Besitzungen, und erbauten im Krahnen
eine neue Wohnung, wo die aufgenommenen No=
vizen aus der ober= und niederrheinischen Provinz
für den Orden gebildet wurden. In Koblenz ward
ihnen ein Nonnenkloster Cistercienser Ordens
eingeräumet. — So besetzten sie nach und nach fast
alle Lehrstühle des Landes, wurden die einzigen

Unter=

Unterweiſer der Jugend, gaben ſich mit Buß= und
Bekehrungspredigten ab, miſchten ſich auch in die
Seelſorge ein, und gewannen immer mehr an Macht
und Anſehen. Es gibt Leute, welche behaupten,
ſie hätten dies ihr Anſehen gemißbraucht, und ſeyen
dadurch geſtürzet worden.

Im J. 1567 kam Jakob von Elz Dombech=
ant zur Regierung. — In Trier ſtand wieder al=
les in lichten Flammen: die Geiſtlichkeit war ent=
wichen, und die Bürger weigerten ſich, den neuen
Kurfürſten anzuerkennen. Jakob griff daher zu den
Waffen, und wollte ſich mit Gewalt in den Beſitz
der Stadt ſetzen: er ſperrte den Einwohnern die
Zufuhr, und leitete den Bach ab, der durch Trier
fließt. Die Bürger in der Stadt feierten auch nicht:
ſie thaten manchen glücklichen Ausfall, plünderten
die Karthaus und St. Barbaren, und ſteckten das
Maar in Brand. Die Geiſtlichkeit, welche in der
Stadt zurück blieb, mußte vieles leiden, und
war manchem Ungemache ausgeſetzt. — Bei dieſem
Aufſtande ward auch der junge Herr von Keſſel=
ſtatt durch einen Schuß hingeſtreckt, da er eben
mit vieler Unerſchrockenheit Feuer beim Neuthore
anlegen wollte. Da nachher durch das Brückerthor
mehrere Hülfstruppen eingelaſſen wurden, ſo wollte
man nicht länger der Stadt zuſetzen.

Die Sache ſollte nun durch den Weg Rechtens
entſchieden werden. Erſt im J. 1580 ſprach der Kai=
ſer

ſer das Endurtheil, und unterwarf die Bürger ihrem Kurfürſten. Die Einwohner fügten ſich, gingen ihrem Herrn entgegen, und legten ihm den Eid der Treue ab. Dieſer ſchien die vorigen Unbilden vergeſſen zu haben, und betrug ſich gegen die Stadt gelinder, als mancher erwartet hatte; er verjagte zwar die verdächtigen Rathsherrn; ließ aber die Bürger noch bei manchen ihrer Vorrechten, nahm ihnen ihre Zollfreiheit nicht, und befahl ſogar zum ewigen Andenken dieſer Begebenheit, das Stadtwappen auf die Pforten zu ſetzen. — So war Triers Schickſal für die Zukunft entſchieden: es hat noch itzt ſeine Bürgermeiſter, wählet ſich ſeine Magiſtratsperſonen, und hält auf ſeinen Zunftgerechtſamen, nach welchen keiner, der nicht rechtmäßig als Bürger aufgenommen iſt, ein Handwerk oder ein anderes Gewerb treiben darf. Viele wollen wiſſen, daß dadurch der Kunſtfleiß und die Betriebſamkeit gehemmet, und der Handel wenig befördert werde.

Unter dem Jakob von Elz weigerten ſich die Adlichen, die gewöhnlichen Steuern für den Fürſten mit abzutragen: ſie glaubten, ſie ſeyen frei davon; indem ſie vorgaben, ſie wären zur Vertheidigung des Landes da; man könnte alſo von ihnen nicht, wie von den übrigen Unterthanen, Abgaben fodern. Jakob antwortete, da die alte Art, Krieg zu führen, nun aufhörte, und da man itzt ſtehende Armeen bezahlen müßte, ſo wären ihre Dienſte überflüſſig,

und

und sie hätten gar keine Ursache, sich dieser allgemeinen Last zu entziehen; da sie noch zudem die schönsten Güter des Landes im Besitze hätten. Der Fürst ging so weit, daß er sogar mit der Einziehung ihrer Einkünften drohete, wenn sie sich nicht dazu verstehen würden. Die Sache wurde später durch einen kaiserlichen Machtspruch zu Gunsten der Ritterschaft entschieden.

Kurfürst Jakob war als ein eifriger Staats- und Kirchenmann sehr bemühet, die neuen Verfügungen des Kirchenraths zu Trient in seinem Lande einzuführen; fand aber bei seinen Domherrn die größte Hinderniß: einer schlich sich nach dem andern fort, da sie im Dom verkündiget werden sollten. Er bekam durch die Abtei Prüm, welche der Kaiser mit der kurfürstlichen Kammer vereinigte, einen beträchtlichen Zuwachs seiner Einkünften. Als ein großer Eiferer gegen die neue Lehre starb er im J. 1581.

Auf ihn kam Johann Schönenberg, Dompropst in Trier. Er machte sich vieles mit den Lutheranern; mehr aber noch mit den Hexen zu schaffen. Gebhard, Bischof von Köln war zu der neuen Religionsparthie übergegangen, und durch unsern Kurfürsten Johann auf keine Art zu bewegen, seine Agnes, eine Klosterfrau, welche er lieb gewonnen hatte, fahren zu lassen: lieber wollte er seinem Erzbischthume entsagen. Auch in die Religionsstrittigkeiten, welche in Aachen herrschten,

mischte

mischte sich Johann, und war bemüht, die Ruhe daselbst wieder herzustellen. Im J. 1584 ward in Holland Wilhelm von Nassau, welcher schon lange den katholischen Herrn ein Dorn im Auge war, meuchelmörderisch umgebracht: der Thäter wurde ergriffen, und sagte freimüthig aus, daß er diesen Mord auf Anrathen einiger trierischen Jesuiten verübet habe. — Im J. 1585 ward ein vornehmer Jüngling aus der Pfalz zum Feuer verurtheilet, weil er sich gegen das h. Altarssakrament unehrerbiethig betragen hatte: die Jesuiten machten, daß es blos beim Kopfabschlagen blieb.

Schauerlicher ist in diesen Zeiten die Geschichte der Hexenprocesse: damals machte man sich ein Geschäft daraus, recht viele Menschen der Zauberei verdächtig zu machen, und dem Scheiterhaufen zu überliefern. Man glaubte, daß es Menschen gäbe, die mit dem Teufel einen Vertrag eingehen könnten, sich mit ihm versammelten, auf einer Ofengabel durch alle Lüfte jagten, Blitz und Donner, und der Landplagen noch mehr zu machen wüßten. Niemand anders war an der damaligen Unfruchtbarkeit, welche im Lande herrschte, Schuld, als die Hexen: jedes verrunzelte Gesicht eines alten Mütterchens erregte schon Verdacht. Die Angeklagten gestanden zwar selbst oft, daß sie wirklich Hexen wären; aber da waren die guten Leute entweder von ihrer eigenen Einbildung betrogen; denn was vermag die Einbildung nicht? oder sie wurden

so

so lange auf der Folter gepeiniget, bis sie es eingestanden. Das Feuer war die gewöhnliche Strafe dieser Unglücklichen. Selbst der damalige Stadtschultheis Doktor Fladt, zween Bürgermeister, einige Rathsherrn und Scheffen konnten dieser Verfolgung nicht entgehen. Der Unglücklichen aus allen Ständen wurden so viele hingerichtet, daß der Scharfrichter, wie die Geschichte vorgibt, in Gold und Silber daher reiten konnte, und der Frau Scharfrichterinn keine Edelfrau im Lande es zuvor that.

Die Kinder dieser Unglücklichen hatten nicht einmal den Trost, in ihrem Vaterlande sterben zu können, und mußten das Land meiden: die Felder lagen öd und unangebauet, und des Jammers war so viel im Lande, daß man es nicht übersehen konnte. — Wem es bei diesem schrecklichen Blutbade so vieler Unschuldigen nicht warm und enge ums Herz wird, und wer nicht eine Thräne weinen kann, daß es Zeiten gab, wo man Menschen blos aus dummem Aberglauben wie Fliegen tödete, der verdienet wahrlich den schönen Namen Mensch nicht. Es gab große Ortschaften, wo man kaum eine oder zwei Weiber mehr fand: die übrigen waren als Hexen hingerichtet worden. — Gott! wie traurig, daß man noch in unsern Tagen, wo man doch so vernünftig seyn will, den Glauben an Hexen haben kann! und daß man noch in neuern Zeiten Processe gegen sie anstellte!

Zu

Zu diesem schrecklichen Uebel kam noch, daß die Pest ihre gewöhnlichen Verheerungen wieder anrichtete, daß Räuberhorden die Wege und Stege unsicher machten, und die Holländer und Franzosen dem Lande sehr beschwerlich fielen. Zu der Zeit brachte auch der Papst Gregor einen neuen Kalender auf, welcher nothwendige Verbesserungen enthielt; von den Protestanten aber anfänglich nicht angenommen ward, weil er von einem Papste herrührte. — Vordem zählten auch die Trierer ihre Jahre und Tage anders: da fing das Jahr erst mit dem fünf und zwanzigsten März an; von den Zeiten des Kurfürsten Karl Caspar ist die heutige Jahreszahl erst allgemein im Lande angenommen worden. Im J. 1599 starb Kurfürst Johann: er war mit seinem würdigen Weihbischofe Binsfeld für die gute Kirchenzucht sehr besorgt, und that vieles für den Unterricht des jungen Landvolkes.

Ihn ersetzte Lothar von Metternich, Domscholaster in Trier. Unter ihm brach im Reich der leidige Religionskrieg aus: die Gemüther der Katholiken und Protestanten wurden immer mehr gegen einander erbittert: Deutsche standen gegen Deutsche auf, und mordeten sich unter einander, weil der eine nicht annehmen wollte, was der andere unbezweifelt glaubte. Auch das trierische Land litt bei diesen beständigen Unruhen sehr vieles; Lothar traf daher gute Anstalten, um sich auf jeden Fall zu decken, und setzte Ehrenbreitstein in einen

gehö=

gehörigen Vertheidigungsstand. Zu Koblenz kamen die katholischen Fürsten zusammen, und berathschlagten sich, wie sie dem weiter um sich greifenden Uebel Schranken setzen, und die alte Religion in Schutz nehmen sollten.

Lothar machte nützliche Veränderungen in der Verwaltung der Gerechtigkeit, hatte ein scharfes Aug auf die Richter des Landes, und schränkte ihre überflüßige Anzahl ein. Er verwendete eine große Sorgfalt auf die Wissenschaften, und suchte der Universität auf alle Art aufzuhelfen: unter ihm ward auch das schöne Schulhaus bei den Jesuiten aus einem uralten römischen Gebäude an der Mosel errichtet. Er bauete in Trier sich einen neuen Pallast, ließ noch zu seinen Lebzeiten in der Domkirche sein Grabmal aufrichten, nahm die Kapuziner ins Land auf, und starb im J. 1623. — Noch ist der Wunderbrunnen in Schweich, der im J. 1603 so viele Menschen herbeizog, zu merken. Kranke und Preßhafte von jeder Art wurden aus den entferntsten Gegenden sowohl zu Wasser als zu Land herbeigebracht, um an dieser berüchtigten Quelle ihre Genesung zu holen. Der Zusammenlauf war so groß, daß sich die Bürger in Trier über die Vertheurung der Lebensmittel beschwerten. Viele wurden getäuscht, und glaubten ihre Gesundheit wirklich wieder erhalten zu haben; waren aber von dem Gegentheile überzeuget, sobald sie wieder nach Haus kamen. So stark und verführerisch ist oft
unsere

unsere Einbildung, wenn wir gerne etwas glauben wollen, was uns wunderbar vorkomt, und vortheilhaft scheint.—Der Brunnen ward nachher weniger besucht, und gerieth ganz in Vergessenheit.

Auf den Kurfürsten Lothar folgte **Philipp Christoph von Sötern**, Bischof zu Speier und kaiserlicher Kammerrichter. Er bleibet immer bei allem dem, was die Geschichte von ihm erzählet, ein Mann von den vortreflichsten Geistesgaben, welcher zu seiner Zeit großes Aufsehen erregte, und sich dem Domkapitel und den Landständen recht furchtbar machte. Von der Natur mit einer feuervollen und unternehmenden Seele begabt, welche aber in einem hagern und ungestalteten Körper wohnte, gebrauchte er selten den Weg der Güte, und suchte meistens seine Absichten nur mit Gewalt und Strenge zu erreichen. — Zu diesen Zeiten wechselten recht die Freundes- und Feindestruppen in unserm Lande: da schlugen sich die Spanier und Kaiserlichen mit den Franzosen, Schweden und Sachsen wacker herum, und fielen dem Trierischen sehr beschwerlich. Bei diesen immerwährenden Kriegsunruhen war es nichts Leichtes, dem Lande immer gehörig vorzustehen: und dem Kurfürsten Philipp muß man es oft zu Gute halten, daß er Manches that, was in den Augen eines gallsüchtigen Lästerers vielleicht verdächtig scheinen könnte.

Er schien es nicht so recht mit dem Reiche zu halten, und brachte den Kaiser besonders dadurch gegen sich auf, daß er die Franzosen, welche auf der Seite der Protestanten standen, in Trier aufnahm, und ihnen die Festung Ehrenbreitstein in die Hände lieferte. Er hatte hiebei die Absicht, durch diese mächtige Verbindung mit Frankreich das Land gegen jeden feindlichen Ueberfall zu schützen, und das fernere Kriegsungemach abzuhalten. Er bekam Strittigkeiten mit den Mönchen von Maximin, welche ihm die Verwaltung ihres Klosters, die ihm doch von dem Papste zugesichert war, nicht einräumen wollten. Er mußte in der Folge auch allen Anspruch darauf fahren lassen; weil die Abtei von dem Kaiser und den spanischen Truppen unterstützet ward. Ausserordentlich hart war sein Betragen gegen die Domherrn, besonders aber gegen die Metternichischen, mit denen er in schweren Händeln verwickelt war. Diese Herrn glaubten nämlich, der neue Kurfürst maße sich Sachen an, die über die Gränzen seiner Gewalt gingen, und suchten ihn hierinn einzuschränken. Auch die Landstände führten manche Klagen, und beschwerten sich, daß er die Unterthanen durch allzu schwere Abgaben drücke, und Auflagen mache, die vordem unerhöret waren.

Philipp ließ sich durch nichts abschrecken, und war der Mann nicht, welcher auf halbem Wege umkehrte. Er entsetzte die Domherrn, welche seinen

Ab-

Absichten entgegen waren, vergab ihre Stellen an andere, verjagte die unzufriedenen Mönche, zwang seine Landstände durch Einsperren und andere gewaltsamen Mittel, manches zu bewilligen, was er auf gütliche Art nicht erhalten konnte, hintertrieb ihre Beschwerden, die sie an den Kaiser brachten, bemächtigte sich der Landeskasse, und trieb der Sachen noch mehr, die seine Unterthanen ganz gegen ihn aufbringen mußten. Die größte Verfolgung erlitten unter ihm die Jesuiten: sie hätten mit Sack und Pack die Stadt mit dem Rücken ansehen müssen, wenn die Sache keine andere Wendung bekommen hätte. Im J. 1635 überfielen nämlich die Spanier zur Nachtszeit die Stadt Trier, bemächtigten sich des Kurfürsten, und führten ihn gefänglich mit sich in die Niederlande: er wurde darauf nach Wien gebracht, blieb zehn ganzer Jahre seiner Freiheit beraubt, und hatte mit Noth und Mangel zu kämpfen. Auch dieses beugte ihn noch nicht: er hörte nicht auf, im Kerker Bannflüche wider seine Feinde ergehen zu lassen, und sich gegen sie zu behaupten.

In dieser Zeit fühlte sich das Land nicht um das Mindeste erleichtert: sowohl das Volk, als die niedere Geistlichkeit beschwerten sich gegen die neuen Metternichischen Landesregenten, sahen ihre Abgaben nicht vermindert, und führten bittere Klagen gegen diejenigen, welche als Freunde und Beschützer des Landes die Unterthanen aussaugten. Man
sehnte

sehnte sich daher wieder nach seinem vorigen Kurfürsten zurück, welcher erst im J. 1645 durch Vermittlung von Frankreich unter gewissen Bedingnissen auf freien Fuß gesetzet wurde. — Kaum langte Philipp wieder in seinem Lande an; als das vorige Spiel aufs neue begann: die aufrührischen Mönche und Domherrn mußten wieder entlaufen; die alte Freundschaft mit den Franzosen ward erneuert, und an mehrern Orten der Stadt Trier wurden Verschanzungen aufgeworfen, die den gehäßigen Kurfürsten gegen seine Feinde decken sollten.

Da Philipp zuletzt sah, daß der französische Schutz ihm nicht viel mehr nützen konnte; so gab er nach, ging mit dem Domkapitel einen Vergleich ein, mußte sich gegen seine Absicht den Karl Kaspar von der Leyen zum Gehülfen geben lassen, und starb endlich nach einer langen schwerzhaften Krankheit im J. 1652. — Sein Sterbetag war ein Freudentag für viele; denn er wurde von Wenigen geliebt, und von den Meisten gehaßt: der Name Sötern ist noch heut zu Tage der Schreckenname der trierischen Schulmädchen. Ein kleiner unansehnlicher Stein in der Domkirche zeiget den Ort seiner Grabstätte: Männer, die ihn kannten, versichern, daß er mehr verdienet habe. Zu seinen Lebzeiten erbaute er Philipsburg, errichtete im Thale am Fuß des Felsens Ehrenbreitstein ein neues Schloß, ließ auf die Fenstersteine seinen Namen eingraben, und um sich bei der Nachwelt unvergeß-

K lich

lich zu machen, so gab er den Befehl, unter einer Geldstrafe diese Burg immer Philipsthal zu nennen: er brachte auch den neuen Pallast in Trier, welcher von seinem Vorfahrer angefangen war, zu Ende.

Unter ihm kam der lang gewünschte Frieden mit den Protestanten zu Stande: die Katholiken wurden endlich dahin gebracht, die neuen Religionspartheien im Reiche zu dulden, und ihnen noch mehrere Vortheile einzuräumen. Das J. 1624 ward die Maaßregel, nach welcher es in der Zukunft gehalten wurde: die Besitzungen und Vorrechten, welche sie damals hatten, sollten ihnen auch in der Zukunft verbleiben. Daburch wurden nun mehrere Kirchen und Güter von unserm Erzstifte losgerissen, und die protestantischen Unterthanen durften in der freien Ausübung ihrer Religion nicht mehr gestöret werden. Diese Trennung mußte unserm Erzbischofe sehr unangenehm gewesen seyn; wir sehen auch, wie viele Mühe er sich gab, mit Beyhülfe der Jesuiten sie zur alten Kirche zurück zu bringen, und diese Trennung zu verhüten.— Daß wir Menschen uns doch immer so gerne trennen! Wie angenehm lebt es sich nicht in einer schönen Eintracht! die Meinungen mögen immer zertheilt seyn; denn nie werden alle Köpfe unter einem Hute passen; unsere Herzen aber sollen nur durch ein einziges Band verknüpft seyn. Welche Wohllust wäre es dann nicht, Mensch zu seyn?

Noch

Noch ist zu merken, daß im J. 1629 in dem Gärten des Novizenhauses der Gesellschaft Jesu ein großer Schatz vorgefunden ward. Sechs Schüler dieses Ordens beschäftigten sich mit dem Ausgraben eines steinigten Platzes: unter dem Graben stießen sie unvermuthet auf einen steinernen Sarg, und fanden nach weggehobenem Deckel zu ihrer größten Verwunderung mehrere silbernen Gefäße, welche, nach den Aufschriften und Verzierungen zu urtheilen, aus dem grauesten Alterthume waren. Der ganze vorgefundene Schatz wog zwei hundert fünfzig Pfund.

Unter Karl Kaspar von der Leyen, welcher im J. 1652 zur Regierung kam, fingen die Franzosen an, das trierische Land sehr hart mitzunehmen: die Veranlaßung dazu gab der Krieg, worinn Frankreich mit Holland verwickelt ward. Die Franzosen, denen vieles daran gelegen war, in dem Besitze der Mosel zu bleiben, hatten ihr einziges Augenmerk auf Trier gesetzet. Im J. 1673 zogen sie mit einem ansehnlichen Heere vor diese Stadt, beschossen sie von mehrern Seiten, und zwangen sie zur Uebergabe. — Nun ging es recht aufs Verschanzen los: in und um Trier suchten sich die Sieger gegen jeden Ueberfall zu decken, warfen Grabenhügel auf, zogen Gräben, verrammelten sich mit Pallisaden, und gaben auf diese Art unserer Stadt ein ganz anderes Aussehen. Diese Verschanzungen wurden zuletzt mit so großem Eifer betrieben, daß

K 2 der

der Scharfrichter mit dem Strange in der Hand den Arbeitern an der Seite stehen mußte, um diejenigen sogleich zu ergreifen und aufzuhängen, die saumselig seyn würden. Selbst ein trierischer Rathsherr und ein Geistlicher aus dem Stifte Simeon konnten kaum mit vieler Mühe dieser schrecklichen Strafe entgehen. Nur die Mütter mit ihren Kindern und aus jedem Kloster zween Ordensherrn waren von diesen harten Arbeiten ausgenommen.

Zu dieser Zeit wurden mehrere Vorstädtchen vom Feinde hart mitgenommen, und zuletzt eingeäschert. Die Abtei Maximin, das Stift Paulin, die Karthaus und Barbaren an der Mosel hatten ein gleiches Schicksal: die Domkirche ward zu einem Magazine und Pferdestalle. Alles, was den Franzosen nur auf eine Art hinderlich schien, um sich in einen gehörigen Vertheidigungsstand zu setzen, wurde aus dem Wege geräumet. — Die Kaiserlichen machten endlich Bewegungen, die Stadt dem Feinde zu entreissen: sie zogen vor Trier, und schlossen es von allen Seiten ein. — Der französische Obergeneral Graf Vignory, welcher in der Stadt lag, war ein harter Mann, der durch seine übertriebene Strenge auch bei den Seinigen sich sehr gehässig machte. Bei einem Ausfalle, welcher dem Kloster Mergen gelten sollte, stürzte er vor dem Simeonsthore von seinem Pferde, und brach den Hals. Leute, die es ihm gönnten, sahen es als eine Strafe des Himmels an, weil er die Kirchen und geistlich-
en

en Herrn so hart mitnahm. Indessen war der Marschall Crequi im Anmarsche, um der eingeschlossenen Stadt zu Hülfe zu kommen. Bei der Konzer Brücke kam es zum Schlagen: der französische General mußte sich mit einem großen Verluste zurückziehen, seine Bagage im Stiche lassen, und von seinem Vorhaben abstehen.

Crequi hatte nachher Gelegenheit, durch Verkleidung unkentlich gemacht, die Kaiserlichen zu überlisten, und in Trier eingelassen zu werden: er machte nun den Belagerern vieles zu schaffen, und war gesonnen, sich bis auf den letzten Mann zu vertheidigen. Die Stadt mußte sich aber im J. 1675 den achten September an die Kaiserlichen ergeben, Crequi ward gefangen, nach Coblenz gebracht; aber bald wieder auf freien Fuß gesetzet. Die Bürger wollten in der Folge diesen Tag ihrer Befreiung unvergeßlich erhalten, und setzten eine feierliche Procession an, welche an dem Feste der Geburt unsrer h. Mutter zum Grabe des h. Apostels Mathias wallfahrtet.

Unter Karl Kaspar ist noch zu merken, daß wieder neue Hülfe gegen die vorgedrungenen Türken gefodert wurde, und daß die Schiffbrücke auf dem Rhein bei Koblenz anfing in den Gang zu kommen. Die Pest raffte wieder viele Menschen hinweg, und der Blitz richtete sowohl in Trier als Koblenz große Verheerungen an. Dem Himmel sey Dank, daß
wir

wie uns itzt darauf verstehen, durch die künstlichen Blitzableiter uns gegen diesen verzehrenden Strahl zu schützen. — Im J. 1670 kam zu Trier die nützliche Stiftung der Engelbrüder zu Stande, deren Bestimmung es ist, die Kranken zu warten, und die Todten zu beerdigen. — Im J. 1674 wurden die Klosterfrauen von St. Annen, welche vordem ausserhalb der Stadt wohnten, in Trier verleget. Die Abtei Maximin, welche schon eine geraume Zeit mit unsern Kurfürsten verschiedene Händel hatte, gab sich auch endlich zur Ruhe, ließ allen Anspruch auf Unmittelbarkeit fahren, und unterwarf sich ihrem Erzbischofe.

Das Land verdankt es auch dem trefflichen Kurfürsten Karl Kasper, daß es nun sein eigenes Gesetzbuch hat, nach welchem bis auf den heutigen Tag gerichtet und geschlichtet wird. Man sah es schon lange ein, daß es gegen alle Billigkeit sey, nach fremden römischen Gesetzen die Unterthanen zu regieren, und alle Streithändel abzuthun. Jedes Land hat so seine eigene Verfassung, seine besondern Gewohnheiten und Gebräuche, warum sollte es dann auch nicht seine eigenen Gesetze haben? — Unter Karl Kaspar ward auch in Trier die Stiftung für die adlichen Jünglinge gemacht, welche sich dem geistlichen Stande widmen wollten. Er legte ebenfals den Grund zu dem so lange erwünschten Priesterseminarium, und machte reichliche Stiftungen für zwölf Zöglinge. In der Folge ward diese treffliche

An=

Anordnung durch mehrere milden Schankungen unterstützet, und erhielt durch den itzigen Erzbischof **Clemens Wenzeslaus** ihre heutige Gestalt. Die Anzahl der geistlichen Schüler ward nun auf eine ansehnliche Art vermehret, und eine schöne Wohnung an der Dreifaltigkeitskirche von Grund aus aufgebauet, wohin die Alumnen im J. 1779 aus dem Krahnen, wo sie vordem wohnten, versetzt wurden. — In diesem neuen Priesterhause, welches die trefflichsten Vorsteher und Lehrer erhielt, sollten nun die künftigen Volksunterweiser zur Seelsorge gebildet werden. Wie viel schon durch diese nützliche Anstalt zur Aufklärung des Landes, und zur Verbesserung der Sittlichkeit gethan worden sey, weiß ein jeder, der Einsicht in die Sache hat; was auch mancher andere dagegen einwenden mag.

Johann Hugo von Orsbeck, Bischof zu Speyer, bestieg im J. 1676 den bischöflichen Stuhl; da er schon vier Jahre zuvor zum Gehülfen und Nachfolger seines Oheims ernennet war. Unter ihm litt das Land wieder sehr vieles durch den französischen Krieg; **Ludwig der Vierzehnte**, König in Frankreich, der sich damals dem ganzen Reiche recht furchtbar machte, sah es mit neidischen Augen an, daß der Kaiser so glücklich gegen die Türken war, und griff zu den Waffen. Crequi mußte Luxemburg belagern, und sich unserer Hauptstadt wieder bemeistern. Die Franzosen zerstörten bei ihrem Einmarsche in Trier alle Festungswerke, rissen

sen den Vertheidigungsthurm bei der Simeonskirche nieder, und füllten die Stadtgraben aus. An der Mosel warfen sie, Trarbach gegen über, ein festes Schloß mit einer ansehnlichen Stadt auf, und nannten es Montroyal, oder nach unserer Sprache, Königsberg.— Es muß damals recht kläglich bei uns ausgesehen haben: die Sieger verwüsteten die Felder, zerstörten Pfalzel, Kochem und Wittlich, und fielen dem Lande durch häufige Foderungen und harte Bedrückungen sehr beschwerlich. Sie würden auch Trier selbst in Flammen haben aufgehen laßen, wenn der König es nicht durch sein ausdrückliches Verboth verhindert hätte; so begnügten sie sich damit, die Mauern niedergerissen, und die schöne Moselbrücke eingestürzet zu haben. Sie äscherten auch durch ihr häufiges Schießen den dritten Theil der Stadt Koblenz ein; mußten aber doch mit vieler Schande abziehen, und die Belagerung aufheben.

Im J. 1697 kam zwar der Frieden zu Stande, und den Bedingnissen zu Folge mußte auch Montroyal geschleift, und die Festungswerke der Abtei Martin zerstöret werden; aber die Ruhe war nicht von langer Dauer. Wegen Spanien bekam das Reich neue Händel mit den Franzosen, und Trier ward wieder der Schauplatz alles Kriegsungemachs. Die französischen Truppen schlugen bei Trier eine Schiffbrücke über die Mosel; denn die steinerne Brücke war von ihnen einige Jahre zuvor selbst

zer-

zerstöret worden, gingen auf das feste Schloß Trarbach los, und zwangen es nach einer harten Belagerung zur Uebergabe. Die Kaiserlichen erhielten zwar manchen Vortheil in der Folge; doch blieb das harte Kriegsungemach noch immer schwer auf unserm Lande liegen, bis im J. 1714 ein vollständiger Frieden geschlossen ward, und die süße Ruhe wieder zurückkehrte.

Unglaublich ist es, wie viel unser Land bei diesen beständigen Kriegen gelitten hat. Gott wie schrecklich! da durfte unter Lebensgefahr der Landmann seine Felder nicht anbauen: da verursachte bald die brennendste Sonnenhitze ansteckende Krankheiten, bald tödtete die erstarrendste Kälte Menschen und Thiere. Mehrere der trierischen Unterthanen, welche durch Mangel und Noth zur Verzweiflung gebracht wurden, wanderten Schaarenweis aus, und unterlagen entweder den mühseligen Reisebeschwerden, oder fanden in fremden Landen, wo sie glücklich anlangten, sich nicht gebessert. Die zerlumpten und ausgehungerten Soldaten durchstrichen, den Heuschrecken ähnlich, das Land, und fraßen die Felder kahl. Die Pest drohete wieder von allen Seiten, und die drückendsten Kriegslasten lagen schwer auf dem verarmten Lande. Der Bürger mußte mit dem Papiergelde zufrieden seyn, oder sich der Gefahr aussetzen, ausgeplündert zu werden. — So schwer büßt der Mensch, wenn er sich mit dem Menschen entzweiet! so viel Unheil

bringt

bringt der leidige Krieg mit sich! Wie süß ist hingegen der Friede: auch unter dem niedrigen Strohdache beim Wasserkrug und einer trockenen Brodrinde läßt es sich vergnügt horsten und leben, wenn Ruhe in unserm Herzen und Frieden um uns ist.

Im J. 1711 schloß Johann Hugo die Augen, und hinterließ Karln Herzogen von Lothringen, der schon das Jahr zuvor ernennet war, den erledigten Bischofsstuhl. Karl erlebte kaum bessere Zeiten, als sein Vorgänger, mußte sich wegen den Kriegsunruhen fast immer in Koblenz aufhalten, und starb zu Wien im J. 1715.

Auf ihn kam Franz Ludwig, Herzog zu Neuburg und Bischof zu Worms. Seiner Vaterforge hat es das trierische Land zu verdanken, daß es sich von seinem vorigen Ungemache etwas erholen konnte. Die zerfallenen Stadtmauern stehen nun wieder auf, die zusammengestürzte Brücke wird bald in einen brauchbaren Zustand versetzet, und die Domkirche, welche im J. 1717 durch einen Brandschaden sehr vieles gelitten hatte, ausgebessert und verschönert. Die Wissenschaften und Gelehrten hatten an ihm einen besondern Freund: er suchte auf alle Art der Universität aufzuhelfen, vermehrte die Anzahl ihrer Lehrer, und zog auf diese Weis mehrere Ausländer ins Trierische. Die Gerichtsverwaltungen erhielten unter ihm auch manche Verbesserungen, und bekamen ihre heutige Gestalt.

Wir

Wir haben nun unsere Landämter und Stadtgerichten, zwei Hofräthe; den einen nämlich in Trier, den andern in Koblenz, und endlich unser Revisionsgericht, welche alle den Unterthanen das Recht sprechen. Die geistlichen Gerichtsstühle beschäftigen sich nur mit dem Kirchlichen, und richten in Sachen der Religionsdiener: vordem war ihre Macht weiter ausgedehnet, und sie übten einerlei Gewalt mit den Landämtern und den Stadtgerichten aus. — Unsere Kurfürsten durften auch nie unumschränkt ihr Land beherschen: sie hatten immer ihre Landstände, die sie zusammen berufen und befragen mußten, wenn sie die Auflagen erhöhen, und merkliche Veränderungen machen wollten. Die Steuern und Abgaben wurden auf die Güter geleget, und da war kein Unterschied unter Geistlichen und Weltlichen: nur der Adel blieb Simpelfrei. — So durften und dürfen dann noch immer die Landstände aufstehen, und freimüthig ihre Klagen bis zum Throne des Fürsten bringen, wenn sie das Land gedrückt und zu viel beschwert glauben, oder andere nützlichen Vorschläge zu machen haben.

Im J. 1722 bekamen die Studenten in Trier Händel mit den Juden: der Auflauf ward so stark, und die muthwilligen Beleidigungen, denen die armen Hebräer ausgesetzet waren, fingen an, von so wichtigen Folgen zu werden, daß sich die Universität darein legen, und die Ruhestörer mit dem Kerker bestrafen

bestrafen mußte. Einige Jahre darauf ging der Lärm
wieder aufs Neue an. Auf der Weberbach lag ein
Jude, der sich unglücklicher Weise ersäuft hatte:
kaum hatten die Studenten Kundschaft davon, als
sie sich in der Nacht mit den Handwerksburschen zu=
sammen rotteten, das Haus bestürmten, die Fenst=
er und Thüren einschlugen, den Todten hervorschlep=
ten, seine Leiche zerstückten, im Triumphe durch die
Stadt zogen, und des Unfuges noch mehr trieben. —
Keiner lobe diese Zeiten, wo diejenigen, welche
doch durch die Wissenschaften gebildeter seyn soll=
ten, als die anderen, so unchristlich denken, und un=
menschlich handeln konnten. Dem Himmel sey
Dank, daß man in unsern Tagen nicht mehr so groß=
en Werth auf eine starke Faust setzet!

Zu diesen Zeiten wurden die Auswanderungen
immer häufiger: ganze Familien verließen ihr Va=
terland, und zogen nach Hungarn. — Es hört
doch immer eine große Ueberwindung dazu, das
Plätzchen, wo man gebohren ist, und das man lieb
gewonnen hat, so gleichgültig zu verlassen. Und wie
viel verlohr nicht selbst unser Land dabei: wie viele
Menschen wurden nun dem Landbaue entzogen, und
wie viele Ortschaften, die sonst so blühend waren,
entvölkert, und leer gelassen? Es ist kein geringer
Vortheil für den Staat, wenn er stark bevölkert ist,
und recht viele Hände hat, die in beständiger Thä=
tigkeit sind, und zum Vortheile des Ganzen beitra=
gen. Ist aber vielleicht der Boden selbst zu unfrucht=
bar,

bar, und lohnet zu wenig der Mühe des Anbauers: oder ist die Arbeitsamkeit des Landmannes und der Kunstfleiß des Bürgers zu wenig aufgemuntert: oder gibt es gar der Lasten zu viele im Lande, welche den Unterthan niederdrücken und muthloß machen? — Bei einer guten Verfassung, bei etwas mehr Schätzung der arbeitenden Volksklasse läßt sich alles bewirken. Sümpfe können bald urbar gemacht, und Einöden in lachende Gärten verwandelt werden. — In unsern Tagen traf man auch wirklich in dieser Hinsicht treffliche Verfügungen, schränkte die häufigen Auswanderungen ein, und machte gute Anstalten, den Landbau in bessere Aufnahm zu bringen. Wüßte man alles dies nur gehörig zu schätzen!

Im J. 1724 raffte eine unbekannte pestartige Krankheit mehrere der trierischen Karthäuser hinweg. In demselbigen Jahr war es auch, als ein gewisser Notar, der sich gegen ein Marienbild ärgerlich betragen hatte, verurtheilet ward, zu Trier in der Stadtpfarre zu Gangolph mit einem schwarzen Talare und eine Kerze in der Hand öffentliche Kirchenbuße zu thun, und darauf das Land zu meiden — Im J. 1725 ertrank bei Trier in der Mosel eine Procession von hundert funfzig frommen Pilgrimen, da sie eben über den Fluß setzen wollten. Nur der Fahnen= und Kreuzträger retteten sich. Man sah den würdigen Seelsorger, der sich auch dabei befand, noch lange Zeit oben auf dem Wasser schwimmen, und hörte ihn, wie er seinen untersinkenden Pfarr=

lindern

Kindern Muth und Tröstung zurief. — Im J. 1726 ward das gewöhnliche Jubiläum in Trier gehalten: der frommen und büßenden Wallfahrer befanden sich damals so viele in der Stadt, daß der Stadtmagistrat nicht Wächter genug ausstellen konnte, um die häufigen Diebstäle zu verhüten, und eine gute Polizei zu handhaben.

Im J. 1729 ging Franz Ludwig nach Mainz, um dies erledigte Erzbisthum anzutreten, und hatte zu seinem Nachfolger den Grafen von Schönborn, Franz Georg. Unter Franz Ludwig erlebte das Land wieder recht wohlfeile Zeiten: da kosteten vierzehn Pfund Butter nur einen Reichsthaler, und für eben so viel Geld kaufte man fünf Pfund Pfeffer: fünf und zwanzig Pfund Salz galten nicht mehr als fünf Albus: für das Viernzel Korn zahlte man nur siebenzehn Albus, und mit zwei Albus kaufte man die beste Maaß Wein. — Da vergaß man bald wieder bei vollem Becher die üblen Zeiten, und zechte recht wacker nach deutscher Art.

Franz Georg wird uns Trierern immer unvergeßlich bleiben: ein jeder, der seine vortreflichen Regententugenden kennet, segnet noch itzt sein Andenken. Er war auf das Beßte seiner Unterthanen bedacht, und sein Herz schlug nur fürs Wohl des Landes. Er hatte einen hellen Kopf, und besaß eine natürliche, angebohrne Beredsamkeit. Er war eif-
tig

tig in dem Hause Gottes, wohlthätig und gütig unter seinen Kindern, und strenge auf dem Richterstuhle. Auch das Geringste entging seinem Auge nicht: er kannte die Tücke und Schmeicheleien der Höflinge, sah mit vielem Verdruß die langwierigen Schleichwege der Proceßkrämer, und bestrafte mit vieler Härte die Geldschneidereien der Richter. Auch der Geringste seiner Unterthanen hatte freien Zutritt zu ihm, und keinen entließ er ohne Trost von sich. — Er verbesserte die Wege, sorgte für die Sicherheit der Straßen, erbaute nicht weit von Koblenz das Schloß Schönbornslust, und errichtete außerhalb der Stadt Trier auf seine eigenen Kosten die prächtige Paulinskirche, welche durch ihre schöne Bauart aller Augen auf sich ziehet.

Er konnte es aber nicht verhindern, daß ein neuer Krieg, worinn Deutschland mit Frankreich wieder verwickelt ward, dem Lande, welches sich von den vorigen Plagen kaum erholet hatte, zur Last fiel. Im J. 1733 kamen die Franzosen nach Deutschland zurück, brachen ins Trierische ein, machten daselbst vielen Aufwand, und verursachten die ungeheuren Schulden, woran noch bis auf den heutigen Tag manche Gemeinde abzutragen hat. Im J. 1745 hingen die Kaiserlichen den Franzosen bei der Abtei Eberhards Klausen eine große Schlappe an: das Jahr darauf kam der Frieden zu Stande, welcher aber bald wieder gebrochen wurde; denn nicht lange darnach fielen sich die Franzosen und Deutschen wieder

der in die Haare. Franz Georg der aber nun vorsichtiger gemacht war, und das Schicksal seiner verarmten Unterthanen zu Herzen faßte, wußte es gar wohl, und hatte es schon erfahren müssen, daß das trierische Land bei solchen Unruhen immer der Zankapfel der kriegführenden Mächten sey; und ergriff nun andere Maaßregeln, als vorhem. Indem er sich weder für, noch gegen die Franzosen erklärte, und auf diese Art neutral blieb, hatte er von keiner Seite etwas Feindliches zu befürchten. — Es soll ihm auch noch wohl dafür im Grabe thun! Gegen über die guten Fürsten, welche gegen ihre Unterthanen so väterlich gesinnet sind. Er starb im J. 1756. —— Die Kirchenzucht erhielt unter ihm auch manche Verbesserungen, und das heutige Brevier unserer Geistlichen ist auf seine Anordnung verfertiget worden.

Auf ihn kam Johann Philipp von Walderdorf. Er verschönerte das Land mit verschiedenen prachtvollen Gebäuden, baute in Trier die neue Johann Philipps Straße, wo ein großer Brunnen von der schönsten Bauart, zwischen zwo anmüthigen Baumallen gelegen, den daran stoßenden Kornmarkt recht anzüglich machet. Von der Mittagsseite führte er den neuen Flügel des trierischen Pallastes von Grund aus wieder auf, auch der Marstall im Thale Ehrenbreitstein und die Casernen in Koblenz haben ihm ihre Einrichtung zu verdanken. Er errichtete zur Sicherheit seiner Unterthanen
eine

eine förmliche Landmilitz, und ordnete die ewige Anbethung des heiligsten Altarssakraments an. Er verwendete eine große Sorgfalt auf den Straßenbau, gab dem Postwesen einen ordentlichen Gang, und erleichterte auf diese Art den Verkehr und den Handel des Landes, der bis auf den heutigen Tag durch so manche ungünstigen Umstände noch immer gehemmet ist.

Unter ihm brach auch der siebenjährige Krieg mit dem Könige von Preußen aus: als Reichsfürst mußte er zwar seinen gehörigen Antheil daran nehmen; hatte aber dabei doch das besondere Vergnügen, sein Land von den gewöhnlichen Plagen und Verwüstungen des Krieges befreiet zu sehen: er wich bei diesen gefahrvollen Zeitumständen nie von seiner Heerde, und war bemühet, auf jede Art dem Mangel und der Noth seiner Unterthanen abzuhelfen. Uebrigens war er wohlthätig und herablassend, und behandelte einen jeden seiner Unterthanen mit vorzüglicher Güte. — Mehrere seiner Höflinge suchten ihn lange in dem Wahne zu erhalten, als wenn dem Wohlstande des Landes und der Glückseligkeit seiner Unterthanen nichts abginge: wie untröstlich ward er aber; da er durch andere Biedermänner, die es redlicher mit ihm und dem Lande meinten, sich vom Gegentheile überzeugen mußte! Man sah ihn darüber öfters Thränen vergießen, und sich aus dieser Ursache einschränken, und des Hofstaates weniger treiben. Er starb im J. 1768:

L   Der

Der Kaiser erhob sein Geschlecht in den Grafen=
stand. Seine Familie errichtete ihm in der Dom=
kirche ein prachtvolles Denkmal, welches sein An=
denken bei der späten Nachwelt noch erhalten wird.

Nach ihm kam Clemens Wenceslaus kö=
niglicher pohlnischer Prinz aus Sachsen zur Regie=
rung. Wir alle wissen es, wie viel Rühmliches er
schon zum Besten des Landes gewirket hat. Ueber=
zeugt, wie sehr eine vernünftige und gut eingerich=
tete Erziehung zum Besten des Staates beitrage,
machte er die vortreflichsten Schuleinrichtungen,
sorgte für geschickte Stadt= und Dorflehrer, welche
er zu Koblenz in der Normalschule bilden ließ, und
war bemühet, ihnen einen ordentlichen Unterhalt zu
verschaffen. Eben so viele Sorge verwendete er
auch darauf, dem Religionsunterrichte eine zweck=
mäßigere Einrichtung zu geben. Er sorgte für gute
Schulbücher, verfertigte die Christenlehrver=
ordnung, die zum Besten der Jugend so viel
Schönes und Aufmunterndes hat, führte den neuen
deutschen Gesang ein, und machte den Gottesdienst
dadurch erbaulicher und verständlicher, schenkte den
Männern seinen ganzen Beifall, die sich ein Ge=
schäft daraus machten, ihre Landesleute zu belehren
und aufzuklären, war für das Aufkommen der Uni=
versität und die Aufnahme der Wissenschaften sehr
bekümmert, stellte mehrere Mißbräuche ab, wodurch die
Religion oft so verächtlig wird, schränkte die häu=
figen Processionen und Wallfahrten ein, sorgte für

gute

gute Seelsorger; indem er dem Priester=Seminarium eine beßere Einrichtung gab, stellte die Trauerpracht und das schädliche Begraben in den Kirchen ein, und versäumte nichts, den Wohlstand und das Beste seiner Unterthanen zu befördern.

Er verschönerte Koblenz mit einem prachtvollen Pallaste, den er durch die neue Clemens Straße mit der alten Stadt verband, nahm die Schauspieler in die schöne dazu bestimte Wohnung auf, sorgte dadurch für eine nützliche und angenehme Unterhaltung seiner Unterthanen, und vermehrte auf diese Art den Wohlstand und die Pracht der Koblenzer. Er errichtete ein regulirtes Jägerkorps, welches die Sicherheit der Wege handhaben, und die Straßenräuber verfolgen und einbringen sollte. Auch zur Aufmunterung des Landbaues, und zur Erweckung des Kunstfleißes machte er gute Verfügungen: er schrieb eine neue Forstordnung vor, wodurch er dem zu befürchtenden Holzmangel zuvorkommen wollte, und traf mehrere Anstalten, bei erlittenen Feuersbrünsten den unglücklichen Verbrannten recht väterlich aufzuhelfen.

Unter diesem würdigen Kurfürsten erhielt auch das trierische Erzstift einen beträchtlichen Zuwachs durch die zwo neuen Bischthümer Nancy und St. Dietz; so, daß es nun, statt drei, fünf Unterbischöfe hatte. — In den achtziger Jahren trieb ein gewisser Pater Adam, Franciskaner Mönch in

dem Wallfahrtsorte Beurich sein frommes Spiel:
er verjagte die Teufel aus den Besessenen, und
heilte die Kranken von jeder Art, wenn ihr Glaube
nur stark genug war. Der Zulauf ward so häufig,
daß der Baumöhl, worinn er seine Segnungen meiſ
stens zu machen pflegte, in dem Städtchen Sarburg
vertheuert ward. Die geistliche Obrigkeit legte sich
zuletzt hinein; mehrere der Getäuschten sahen auch
bald den heiligen Betrug ein, und der gute Pater
ist nun selbst klüger geworden, und bereuet das
Geschehene.

Im J. 1784 sind die Gewässer nach einem häu=
figen Schnee so hoch aufgeschwollen, daß die Mo=
sel mehrere Bogen der trierischen Brücke fast zu=
schloß, und die Eisfahrt große Verherungen an=
richtete. — Im J. 1789 entstand ein neuer Auflauf
der Bürger in der Stadt Trier: sie glaubten sich in
mehrern Vorrechten und Freiheiten gekränkt, sperr=
ten und bemächtigten sich der Thoren, versammel=
ten sich auf dem Kornmarkte, brachten mehrere der
Klagen vor, und fingen an, die Sache ernstlich zu
betreiben. Durch eine kluge Vermitlung des Kur=
fürsten legte sich aber bald der Auflauf, und die
Ruhe stellte sich wieder ein.

Sehr berühmt machte sich unter den drei letzten Kur=
fürsten der würdige Weihbischof aus Trier, Ni=
klas von Hontheim: er ward im J. 1701 ge=
bohren, und starb als ein neunzigjähriger Greis.

Er

Er brachte es in der Gelehrsamkeit sehr weit, bearbeitete mit vielem Fleiß die vaterländische Geschichte, und schrieb das merkwürdige Buch, welches sich Febronius nennet. In diesem Buche suchte er die Rechten des Papstes und der Bischöfe freimüthig auseinander zu legen, die Kirche vom Staate zu trennen, und sagte der Sachen mehrere darinn, welche ihm viele Widersager brachten. Das Buch wurde eifrig gelesen, von vielen gebilliget; von andern aber verketzert. In Rom sah man es als ein gefährliches Werk an: der Papst untersagte es ferner zu lesen, und zwang den guten Bischof zu einem Wiederrufe. Bei allem dem machte man noch immer Gebrauch davon. Die vier Erzbischöfe aus Dentschland hielten einige Zeit darauf eine ansehnliche Versamlung bei dem Embser Bade, trafen nützliche Verbeßerungen fürs Ganze, schafften manche Mißbräuche ab, und machten uns Deutschen Hofnung, daß es einmal in der katholischen Kirche beßer aussehen werde. Man ist aber nicht lange darnach davon abgegangen. Hontheim wurde von unsern Kurfürsten in den wichtigsten Angelegenheiten gebraucht, und bewirkte manche Verbeßerung in der trierischen Kirche und in der Klosterzucht. Er war übrigens leutselig, beschäftigte sich einige Stunden des Tages mit Handarbeiten, war ein großer Freund der lieben offenen Natur, und that in der Stille den Dürftigen viel Gutes. — Er lebet noch in den Herzen aller wohlmeinenden Trierer.

In den letzten Jahren fing es an, um uns herum sehr unruhig auszusehen. Die Niederländer widersetzten sich den Veränderungen, welche Kaiser Joseph der Zweite ihnen aufdringen wollte, und griffen zu den Waffen. Bei dieser Gelegenheit sahen wir mehrere der vornehmen Ausgewanderten, welche sich eine geraume Zeit im Trierischen niederließen. — Die Franzosen führten mehrere Beschwerden, glaubten sich in Verschiedenem zu hart gedrückt, gaben sich deswegen eine neue Verfassung, machten sich ihres Königes los, und verwickelten sich mit dem deutschen Reiche in einen langwierigen Krieg. Das trierische Land nahm viele der ausgewanderten Geistlichen und Adlichen auf, und mußte sich von mehrern Seiten gegen die Ausfälle der Franzosen decken, welche täglich mächtiger und zudringlicher wurden.

Bei diesem neuen Kriege bekam das trierische Land wieder, wie gewöhnlich, seinen traurigen Antheil. Schon im November des Jahres 1792 fiel der französische General Bournouville mit einer zu dreißig tausend Mann stark geschätzten Armee ins Trierische ein. Seine Absicht war, Trier zu erobern, und die Franzosen, welche am Rheine siegreich vorgedrungen waren, mit jenen, welche in den Niederlanden standen, zu vereinigen. Trier ward damals mit einer weit schwächern Macht von dem oesterreichischen General Feldzeugmeister Hohenlohe vertheidiget. Die Franken drangen so
weit

weit vor, daß sie sich der Stadt Sarburg und mehrerer zwischen der Mosel und Saar gelegenen Ortschaften bemächtigten, bis nach Longwich kamen, auf den Höhen bei Ruwer Verschanzungen aufwarfen, und gegen Pellingen anrückten. Bournouville erließ schon einen förmlichen Aufruf an die Bürger der Stadt, worinn er ihnen Schutz und Freiheit ankündigte. Auch die Landstände, welche eine Uebergabe befürchteten, trafen ihre Vorkehrungen, welche ihnen nothwendig schienen, um den General zu überzeugen, wie wenig sie am Kriege Antheil genommen, und wie gerne sie im Gegentheile immer gute Nachbarschaft gehalten hätten. Daßelbige that man auch in Koblenz, wo man einen Ueberfall des Obergenerales Cüstine, welcher sich schon im Oktober der Stadt Mainz bemeistert hatte, befürchtete. Dieser Schritt verursachte viele Strittigkeiten zwischen dem Fürsten und den Landständen, welche aber im J. 1794 ausgeglichen wurden.

Bournoville gab sein Unternehmen, Trier zu erobern, auf, und nahm im Dez. 1792 seinen Rückzug. Die Franken erneuerten oft ihre Versuche, bis im J. 1794, wo sie die Niederlanden zum zweiten Male eroberten, auch Trier in ihre Hände fallen mußte. Den achten August erstiegen sie die Höhen von Pellingen, nahmen die Schanzen weg, und zogen des Tages darauf in die Stadt ein, wo sie den bestürzten Einwohnern Sicherheit der Personen und des Eigenthumes versprachen, und anfänglich alles bei der alten Verfassung fung ließen; außer daß sie sich die Verwaltung der Landeskassen vorbehielten. Sie nahmen auch bald darauf ihren Einzug in Koblenz, machten bei den verschiedenen Uebergängen über den Rhein auch einige Versuche auf die Festung Ehrenbreitstein, und sind als Eroberer bis auf diese Stunde noch im Lande. Von allen Seiten laufen nun Friedensnachrichten ein, und man ist schon über mehrere Punkten einig: die Zukunft wird das Fernere lehren.

Mehrere sowohl aus dem geistlichen als weltlichen Stande, welche eine grausame Behandlung befürchteten, nahmen bei der Annäherung des Feindes die Flucht: ihre Güter und Renten wurden deswegen eingezogen, und ihre hinterlassenen Geräthschaften der öffentlichen Versteigerung Preis gegeben. Sie wurden aber bald zurückberufen, und wieder eingesetzet. Bei der Geistlichkeit war dies nicht von Bestande: denn sie wurde bald wieder herausgewiesen: zum Unterhalte ward ihr eine bestimmte Summe ausgeworfen, wovon aber erst ein Theil ausgezahlet worden ist. — In unserm Lande hörten seit der Zeit die beständigen Foderungen an Geld und Naturalien nicht auf. Die ordentlichen und ausserordentlichen Kontributionen und Requisitionen aller Art mußten dem Lande sehr beschwerlich fallen, und das Papiergeld, welches anfangs im Gange war, eine große Stockung und Furchtsamkeit im Handel und Verkehr verursachen.

In

In den Verwaltungen selbst gingen so viele Veränderungen vor, daß wir bis auf diesen Tag die nachtheiligen Folgen davon verspüren. Im J. 1795 hat der Volksvorsteller Neveu eine einstweilige Verwaltung für das Kurfürstenthum Trier errichtet. Bald darauf erhielten wir eine eigene Bezirksverwaltung, welche der Zentralverwaltung in Aachen untergeordnet ward. Bei dieser Einrichtung erhielt das Land seine Friedensrichter und Kantonsverwalter, und die Stadt Trier ihr Obergericht. Im J. 1796 ward die Zentralverwaltung und mit ihr unsere Bezirksverwaltung aufgelöset, und das Kurfürstenthum Trier wurde mit den übrigen zwischen dem Rheine und der Mosel gelegenen Ländern der Generaldirektion unterworfen, welche von Saarbrücken nach Trier verlegt ward. Das Land ward neuerdings in Kantone eingetheilt, wovon ein jeder einen Einnehmer und Richter erhielt. In Trier ward das Obergericht erneuert. — Unter der Aufsicht des itzt kommandirenden Generals der Sambre- und Maas-Armee ist nun zu Bonn eine Mittelkommission errichtet, die alten Gewalten und Gerichtsstellen sind wieder in ihrem vorigen Gange, und unser Land, welches so hart mitgenommen ist, sehnet sich nun nach einer bleibenden Ruhe. O möchte der Himmel sie uns bald geben!

Trier den 19ten Mai 1797.

Hervorstechende Druckfehler.

Seite 31 Linie 14 Poemenus lese Poe-
menius.
S. 159 Linie 24 1745 — 1735.

www.ingramcontent.com/pod-product-compliance
Lightning Source LLC
Chambersburg PA
CBHW022113160426
43197CB00009B/1010